Pierre Gliesche

Anlageoptionen deutscher Investoren in Rohstoffe

Bachelor + Master
Publishing

Gliesche, Pierre: Anlageoptionen deutscher Investoren in Rohstoffe,
Hamburg, Diplomica Verlag GmbH 2011
Originaltitel der Abschlussarbeit: Commodity Investments · Handlungsfelder deutscher
institutioneller Investoren

ISBN: 978-3-86341-092-6
Druck: Bachelor + Master Publishing, ein Imprint der Diplomica® Verlag GmbH,
Hamburg, 2011
Zugl. Lausitz, Fachhochschule Lausitz, Lausitz, Deutschland,
Bachelorarbeit, 2010

Bibliografische Information der Deutschen Nationalbibliothek:
Die Deutsche Nationalbibliothek verzeichnet diese Publikation in der Deutschen
Nationalbibliografie;
detaillierte bibliografische Daten sind im Internet über http://dnb.d-nb.de abrufbar.

Die digitale Ausgabe (eBook-Ausgabe) dieses Titels trägt die ISBN 978-3-86341-592-1
und kann über den Handel oder den Verlag bezogen werden.

Dieses Werk ist urheberrechtlich geschützt. Die dadurch begründeten Rechte,
insbesondere die der Übersetzung, des Nachdrucks, des Vortrags, der Entnahme von
Abbildungen und Tabellen, der Funksendung, der Mikroverfilmung oder der
Vervielfältigung auf anderen Wegen und der Speicherung in Datenverarbeitungsanlagen,
bleiben, auch bei nur auszugsweiser Verwertung, vorbehalten. Eine Vervielfältigung
dieses Werkes oder von Teilen dieses Werkes ist auch im Einzelfall nur in den Grenzen
der gesetzlichen Bestimmungen des Urheberrechtsgesetzes der Bundesrepublik
Deutschland in der jeweils geltenden Fassung zulässig. Sie ist grundsätzlich
vergütungspflichtig. Zuwiderhandlungen unterliegen den Strafbestimmungen des
Urheberrechtes.

Die Wiedergabe von Gebrauchsnamen, Handelsnamen, Warenbezeichnungen usw. in
diesem Werk berechtigt auch ohne besondere Kennzeichnung nicht zu der Annahme,
dass solche Namen im Sinne der Warenzeichen- und Markenschutz-Gesetzgebung als frei
zu betrachten wären und daher von jedermann benutzt werden dürften.

Die Informationen in diesem Werk wurden mit Sorgfalt erarbeitet. Dennoch können
Fehler nicht vollständig ausgeschlossen werden, und die Diplomarbeiten Agentur, die
Autoren oder Übersetzer übernehmen keine juristische Verantwortung oder irgendeine
Haftung für evtl. verbliebene fehlerhafte Angaben und deren Folgen.

© Bachelor + Master Publishing, ein Imprint der Diplomica® Verlag GmbH
http://www.diplom.de, Hamburg 2011
Printed in Germany

Inhaltsverzeichnis

Abbildungs- und Tabellenverzeichnis   VII

Formelverzeichnis   VII

Abkürzungsverzeichnis   VIII

1. **Einführung**   1
   - 1.1 Problemstellung   1
   - 1.2 Zielsetzung und Vorgehensweise   3
2. **Commoditys**   5
   - 2.1 Definition Rohstoffe   5
   - 2.2 Die Entwicklung der Rohstoffbörsen   5
   - 2.3 Rohstoffsegmente   7
3. **Die Sprache des Futurehandels**   11
   - 3.1 Vom Forward- zum Future-Kontrakt   11
   - 3.2 Marktteilnehmer   14
   - 3.3 Ablauf einer Transaktion   17
   - 3.4 Kontraktspezifikationen   21
   - 3.5 Der Futurepreis   24
   - 3.6 Contango und Backwardation   25
   - 3.7 Ticks und Limits   28
   - 3.8 Rollen eines Futures   30
4. **Investmentmöglichkeiten**   35
   - 4.1 Direktanlage   35
   - 4.2 Derivate   35
   - 4.3 Aktien   37
   - 4.4 Investments in Länder die Rohstoffe produzieren   39
   - 4.5 Überblick   40

5.	**Investmentmöglichkeiten deutscher Institute**	**41**
	5.1 Erwerbbarkeit von Rohstoffen für Investmentfonds	41
	5.1.1 Physischer Erwerb von Rohstoffen	41
	5.1.1.1 Edelmetalle	41
	5.1.1.2 Grundstücke als Rohstoffträger	42
	5.1.2 Abgeleiteter Erwerb von Rohstoffen	43
	5.1.2.1 Beteiligung	43
	5.1.2.2 Derivate	43
	5.2 Anlagemöglichkeiten für deutsche Versicherungsunternehmen	48
	5.2.1 Grundsätzliches Verbot des Erwerbs beweglicher Sachen	48
	5.2.2 Spezielle Regelung in §3 Abs. 2 b AnlV	49
6.	**Fazit**	**53**

Literatur- und Quellenverzeichnis   **56**

Abbildungs- und Tabellenverzeichnis

Abbildungen:

Abb. 1: Umsatz an der NYMEX nach Rohstoffen (in %)   6

Abb. 2: Weizenkurs in US$ 10

Abb. 3: Beziehung zwischen Futures- und Spotkurs bei Annäherung an den Liefermonat   26

Abb. 4: Besonderheiten der Rohstoff-Futuremärkte   27

Tabellen:

Tab. 1: Einteilung der Rohstoffe   7

Tab. 2: Wertfortschreibung in einem spekulativen Margin-Konto   22

Tab. 3: Überblick über die Investmentformen   40

Formelverzeichnis

Futurepreis   24

Basis   25

Roll-Yield   32

Kurs/Gewinn – Verhältnis   37

Abkürzungsverzeichnis

Abs.	Absatz
AnlV	Anlageverordnung
BVI	Bundesverband Investment und Asset Management e.V.
CBoT	Chicago Board of Trade
CESR	Committee of European Securities Regulators
CME	Chicago Mercantile Exchange
DerivateV	Derivateverordnung
EU	Europäische Union
EWR	Europäische Wirtschaftsraum
FAO	Welternährungsorganisation
FCM	Futures Commission Merchant
i.S.d.	im Sinne des
ICE	London Intercontinental Exchange
InvG	Investitionsgesetz
KGV	Kurs/Gewinn – Verhältnis
KWG	Kreditwesengesetz
LME	London Metal Exchange
NYMEX	New York Mercanile Exchange
OGAW	Organismen für gemeinsame Anlagen in Wertpapieren
OTC	Over the counter
UCITS	Undertaking for Investments in Transferable Securities
VAG	Versicherungsaufsichtsgesetz
WpHG	Wertpapierhandelsgesetz
WTI	West Texas Intermediate

1. Einführung
1.1 Problemstellung

Eine neue Hausse ist im Gang und sie findet bei den Rohstoffen statt, den Commoditys, Materialien, harten Vermögensgegenständen und greifbaren Dingen. Was noch vor einigen Jahren nur auf Gold und Öl beschränkt war, hat sich in letzter Zeit vollkommen gewandelt.

Rohstoffe spielen in unser aller Leben eine große und wesentliche Rolle. Überall begegnen uns Rohstoffe, beim Einkaufen im Supermarkt oder auch im Auto sind wir von Rohstoffen umgeben. Ohne den Futures- Märkten wären die Dinge, die wir alle zum Leben brauchen, rar und oft auch zu teuer. Zu diesen wesentlichen Dingen gehören Öl, Erdgas, Weizen, Mais, Baumwolle, Sojabohnen, Aluminium, Kupfer, Silber, Gold, Rinder, Schweine, Schweinebäuche, Zucker, Kaffee, Kakao, Reis, Wolle, Gummi, Bauholz und noch etwa 80 andere Rohstoffe, die in der Bibel der Trader (Commodity Research Yearbook) aufgelistet sind.

Wenn ein Investor in Aktien, Anleihen oder Devisen investieren will, sollte er auch die Rohstoffmärkte verstehen. Rohstoffe gehören in jedes gut diversifizierte Depot, denn Rohstoffinvestments können gegen eine Aktienbaisse, der Inflation und sogar einer Wirtschaftskrise absichern.[1] Rohstoffgeschäfte werden oft als „riskante Geschäfte" bezeichnet, was sie aber nicht sind. Im Gegenteil, aus Rohstoffinvestments gehen enorme Chancen hervor. Bringt ein Investor sie in sein Portfolio ein, trägt dies zu einer günstigeren Risikostreuung bei. Gerade im Hinblick auf die Finanzkrise und der folgenden Schwächung der Märkte, wächst bei vielen Investoren der Wunsch nach einer breiteren Streuung ihrer Anlagerisiken.

Rohstoffe bieten ein breites Spektrum an Investitionsmöglichkeiten, zum einen dienen sie zur Absicherung des Depots, zur Spekulation oder auch zur langfristigen Investition. Dabei haben Investoren die Möglichkeit, einen Barren Gold zu erwerben oder auch in Aktien bis hin zu Derivaten zu investieren, die Rohstoffe als Basis haben. Investments können in Form von Aktien, Fonds, ETF´s,

---

[1] Vgl.: Doyle, Emmet/Hill, Jonathan/Jack, Ian: Growth in commodity investments: risk and challenges for commodity market participants, 2007, S. 18

Futures, Optionen, Optionsscheine sowie Zertifikate erfolgen. Eine physische Anlage steht dabei meist im Hintergrund und erfolgt für gewöhnlich nur bei Edelmetallen.

Wenn ein Investor vor Rohstoffen zurückschreckt, verpasst er unglaubliche Möglichkeiten. Investoren sollten nicht einen kompletten Marktsektor ignorieren, jedenfalls nicht, wenn dieser wirklich als „intelligenter Investor" gelten will. Das Geldvolumen, das an den Rohstoffbörsen gehandelt wird, ist um ein vielfaches höher als an allen Aktienmärkten der USA.[2] In den letzten Jahren haben sich die Rohstoffe zu einer eigenen Anlageklasse entwickelt. Auf Grund der Vielzahl von Rohstoffen hat ein Investor unterschiedlichste Möglichkeiten in diese Asset-Klasse zu investieren.

Die Entwicklung der Rohstoffpreise ist wesentlich durch ein Auf und Ab geprägt. So kam es zwischen 2007 und 2008 zu einem enormen Preisanstieg der Nahrungs- und Genussmittel. Mit dem Eintritt der Finanzkrise, als Lehman Brother Insolvenz anmelden musste und Merrill Lynch von der Bank of America aufgekauft wurde, vielen die Rohstoffpreise weltweit jedoch wieder. Durch die sinkenden Rohstoffpreise wurden viele Unternehmen und Verbraucher entlastet. Allerdings leidet gerade die Dritte Welt an steigenden Nahrungsmittelpreisen mit der Folge von politischen Unruhen in einigen Teilen der Welt. Laut der FAO lag die Zahl der Hungernden 2007 bei 923 Millionen Menschen. Die steigenden Nahrungsmittelpreise seien aber nur zum Teil Folge der Spekulationen. Doch durch die Finanzkrise werden Investitionen in der Landwirtschaft von Entwicklungsländern schwerer zu realisieren sein.[3] Auch in Deutschland wird eine Verteuerung der Lebensmittel, des Öls und Gases spürbar. Diese Beispiele beschreiben wie aktuell das Thema ist.

Die vorliegende Studie vermittelt einen grundlegenden Eindruck in die Welt des Rohstoffhandels. Der Autor gibt einen Überblick über die grundlegenden Eigenschaften von Rohstoffen und Rohstoffinvestments, außerdem werden verschiedene Möglichkeiten aufgezeigt, in Rohstoffe zu investieren. Im Rohstoffhandel gibt es eine eigene Sprache die näher beleuchtet wird und anhand

---

[2] Vgl.: Rogers, Jim: Rohstoffe Der attraktivste Markt der Welt, München, 2007, S. 23;
Vgl.: Kleinman, George: Rohstoffe und Financial Futures handeln, München, 2006, S. 28
[3] Vgl.: ohne Autor: Welthungerhilfe klagt an: „Hungerkrise schlimmer als Finanzkrise", erschienen 14.10.2008, http://www.n24.de/news/newsitem_3981691.html, letzter Zugriff: 20.07.2010

von Beispielen erklärt wird. Zentrales Thema dieser Studie ist es, die Möglichkeiten deutscher institutioneller Investoren darzustellen in Rohstoffe zu investieren. Dabei wird im speziellen auf die Investmentfonds und Versicherungsunternehmen eingegangen.

1.2 Zielsetzung und Vorgehensweise

Es stellt sich die Frage, inwieweit deutsche institutionelle Investoren in Rohstoffe investieren können und welche Möglichkeiten sich beim direkten und indirekten Erwerb ergeben. Nicht beabsichtigt ist es, eine konkrete Kaufempfehlung abzugeben oder konkret auf einen bestimmten Rohstoff einzugehen, es werden aber die einzelnen Rohstoffsegmente und ihre Besonderheiten beschrieben.

Die vorliegende Studie gliedert sich in *sechs Kapitel*. Dabei dient *Kapitel eins* als einleitender Teil in die Arbeit.

Das *zweite Kapitel* dient dazu, den Begriff „Rohstoffe" zu definieren. Es folgt ein kleiner Einblick zur Geschichte und Entwicklung der Rohstoffbörsen. Im Anschluss werden die einzelnen Rohstoffsegmente vorgestellt und deren wichtigsten Merkmale erläutert.

Der Handel von Rohstoffen wird zum größten Teil über Termingeschäfte abgewickelt. Um dieses Thema transparenter zu gestalten, wird im *dritten Kapitel* auf den Futurehandel und dessen Begrifflichkeiten eingegangen. Die geschichtliche Entwicklung vom Forward- zum Future-Kontrakt wird aufgezeigt. Anhand von Beispielen wird der Ablauf einer Transaktion erklärt. Dazu werden einige Fachbergriffe herangezogen und erklärt.

Im *vierten Kapitel* werden die Investmentmöglichkeiten für Investoren aufgezeigt und ihre Eigenheiten erklärt. Ein kritischer Blick auf die einzelnen Möglichkeiten soll auch Nachteile der jeweiligen Investmentmöglichkeiten aufdecken.

Im *fünften Kapitel* wird insbesondere aus juristischer Sicht dargestellt, in welchem Umfang deutsche institutionelle Investoren in Rohstoffe investieren können. Der aufsichtsrechtliche Rahmen wird dargestellt, der das Anlageverhalten von Investmentfonds und Versicherungsunternehmen in Deutschland regelt.

Die Anlage in ausländisches Sondervermögen soll im Rahmen dieser Studie nicht behandelt werden.

Im *sechsten* und letzten Kapitel werden die wichtigsten Erkenntnisse dieser Studie zusammengefasst. Dabei wir insbesondere auf die eingangs formulierte Fragestellung eingegangen.

2. Commoditys
2.1 Definition Rohstoffe

In der vorliegenden Studie werden unter Rohstoffe Waren und Erzeugnisse verstanden, welche durch einen inneren Wert und einen Gebrauchsnutzen gekennzeichnet sind. Rohstoffe können für die industrielle Fertigung verwendet werden oder aber einen Konsumnutzen haben.

Rohstoffe können desweiteren in „Hard Commoditys" und „Soft Commoditys" unterteilt werden. Hard Commoditys sind nicht verderbliche Rohstoffe wie Energie, Edelmetalle, Industriemetalle und Holz. Soft Commoditys sind verderbliche Rohstoffe der Landwirtschaft z.B. Mais und auch Vieh.[4]

Rohstoffe sind fungibel[5] im Gegensatz zu anderen Vermögensgegenständen wie z.B. Aktien und Gemälde. Diese Güter haben nichts Einzigartiges abgesehen von Nutzen und Wert. So ist eine Gallone Heizöl so gut wie eine andere Galone Heizöl. Und auch eine Unze Gold unterscheidet sich nicht von einer anderen Unze Gold. Durch diese Eigenschaft werden Transport und Lagerung eines Rohstoffes erleichtert, denn er kann durch einen anderen ersetzt werden. Ein Kontrakt ist so gut wie der andere, was auch den Handel und die Eigentumsübertragung von Rohstoff-Futures[6] erleichtert.[7]

2.2 Die Entwicklung von Rohstoffbörsen

Die Ursprünge der Rohstoffbörsen gehen auf das 17. Jahrhundert zurück und den Reisterminhandel in Japan. Die Sumerer hatten aber schon lange davor einen disziplinierten Rohstoffhandel. Sie hatten standardisierte Maßstäbe für den Tausch von Ziegen und Schafen gegen seltene Muscheln. Derivate auf Rohstoffe wurden bereits in der Antike gehandelt. Die Griechen haben ihre Olivenernte teilweise auf Terminbasis verkauft.[8]

---

[4] Vgl.: Baierl, Gary/ Cummisford, Robert/ Riepe, Mark W.: Investing in Global Hard Assets: A Diversifikation Tool for Portfolios, 2005 S. 4
[5] d.h. durch andere derselben Art ersetzbar
[6] Ein Futures-Kontrakt ist eine rechtsverbindliche Vereinbarung über die Lieferung bestimmter Waren oder Finanzprodukte zu einem festgelegten späteren Termin.
[7] Vgl.: Rogers, Jim: Rohstoffe Der attraktivste Markt der Welt, München, 2007, S. 92
[8] Vgl.: Goldman Sachs: Rohstoffkompass, 6. Auflage, Frankfurt, Oktober 2008, S. 61

Die Wurzeln der modernen Rohstoffmärkte liegen aber in den USA. 1848 wurde das Chicago Board of Trade (CBOT) gegründet. Der erste dokumentierte gehandelte Kontrakt war ein Forward-Kontrakt über 3.000 Scheffel Mais. Das CBOT hat sich schnell zu eine der größten Warenterminbörsen der Welt entwickel vor allem im Bereich des Land- und Viehwirtschaflichen Future-Handels. Im Jahr 2007 ist die CBOT mit der Chicago Mercantile Exchange (CME) zur CME Groups fusioniert.

Weltweit gibt es über 30 Rohstoffbörsen, wobei die Konzentration auf den Ländern USA, Japan, China und Großbritannien liegt. An diesen Rohstoffbörsen werden mehr als 99% des Marktumsatzes abgewickelt. Früher haben sich die Rohstofffutures meist auf Agrarprodukte bezogen, aber seit 1980 (USA) bzw. 2004 (China), treten immer mehr Energiekontrakte und Metalle in den Vordergrund. Die New York Mercantile Exchange (NYMEX) hatte 2004 einen WTI Öl Anteil von 39%, mit Erdgas sogar über 50%. Erst danach haben sich Gold, Heizöl, Benzin, Silber und Kupfer eingeordnet (siehe Abbildung 1).

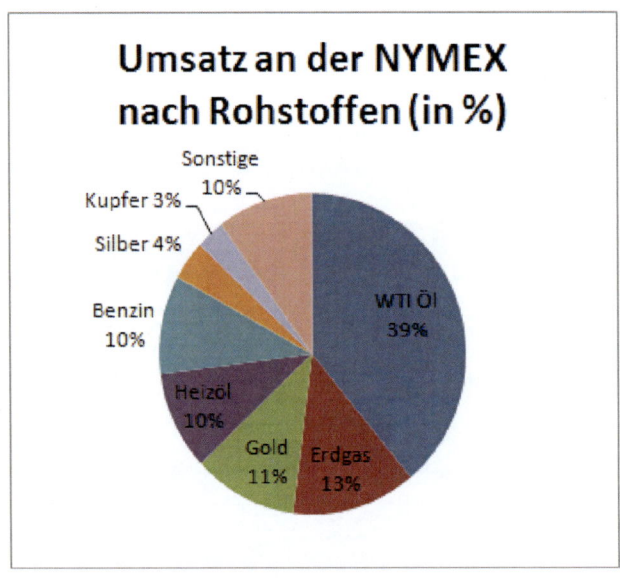

Abbildung 1: Umsatz an der NYMEX nach Rohstoffen (in %)
Quelle: www.extra-funds.de (Stand: 30.06.2010)

2.3 Rohstoffsegmente

Die einzelnen Rohstoffe entwickeln sich in den verschiedenen Konjunkturphasen unterschiedlich, das ist ein Indiz dafür, dass der Rohstoffmarkt ein heterogenes Marktsegment darstellt. Wie in Punkt 2.1 beschrieben, gibt es vier unterschiedliche Hauptsegmente der Rohstoffe: *Energieträger, Edelmetalle, Industriemetalle und Agrargüter* (siehe Tabelle 1).

Energieträger	Edelmetalle	Industriemetalle	Landwirtschaftliche Produkte
Rohöl	Gold	Kupfer	Weizen
Bleifreies Benzin	Silber	Aluminium	Baumwolle
Heizöl	Platin	Nickel	Soja
Erdgas	Palladium	Blei	Kaffee
Kohle		Zink	Mastrind
Uran			Lebendrind
Erneuerbare Energien			Mageres Schwein

Tabelle 1: Einteilung der Rohstoffe
Quelle: eigene Darstellung

Zu den *Energierohstoffen* zählen fossile Energieträger, wie Erdöl, Erdgas, Kohle und Uran sowie erneuerbare Energien, wie Biomasse, Erdwärme, Gezeitenkraft, Sonnenenergie, Wasserkraft und Windenergie. Erdöl ist der weltweit größte Energieträger mit einem Marktanteil von 35%. Im Vergleich zu anderen Energieträgern ist Erdöl kostengünstiger zu fördern, zu transportieren und zu lagern und hat außerdem die höchste Energiedichte. Pro Sekunde lösen sich 1.000 Fässer Öl in Rauch auf, was einen Weltverbrauch von 83 Mio. Barrel pro Tag entspricht. Der Konsum steigt in den Industriestaaten ständig an.[9] Befürchtungen mehren sich, dass sich die Weltreserven verknappen, so wird vermehrt nach alternativen Brennstoffen gesucht. Das Interesse richtet sich vermehrt auf Erdgas. Dadurch sind bei Erdgas stärkere Zuwachsraten zu beobachten. Aber auch hier sind die Vorkommen bereits zum großen Teil ausgebeutet. Erneuerbare Energien rücken immer mehr in den Focus und haben bereits einen Anteil von 14% am Primärenergieaufkommen.[10] Wenn ein Anleger in Energierohstoffe investieren will, muss er ein besonderes Augen-

---
[9] Vgl.: Schulz, Johannes: Erdöl- Antrieb für Wirtschaft und Konflikte, 2008, S. 2
[10] Vgl.: Frey, Carmen: Rohstoffe als Beitrag zur Portfoliooptimierung, München/Ravensburg, 2006, S. 6

merk auf die konjunkturelle Entwicklung der Industrie- und Schwellenländer haben. Öl ist besonders konjunktursensibel. Die weltweit wichtigsten Rohöl-Futures werden an der NYMEX und der ICE gehandelt

Zu den *Edelmetallen* gehören Gold, Silber, Platin und Palladium. Edelmetalle sind im Unterschied zu anderen Rohstoffen zu akzeptablen Kosten lagerfähig. Außerdem sind sie teilbar und beinahe uneingeschränkt wiederverwendbar. Gerade in Zeiten starker Schwankungen an den Kapitalmärkten und krisenhafter Entwicklungen sind die Edelmetalle Mittelpunkt des Anlegerinteresses, dabei gilt vor allem Gold in Krisenzeiten als sicherer Hafen. Viele Anleger nutzen Gold als Wertaufbewahrungsmittel. Gold reagiert sensibler und früher auf Veränderungen der Inflationsentwicklung als z.B. der Konsumentenpreisindex[11]. Statistische Analysen zeigen eine Vorlaufzeit des Goldes gegenüber dem Rentenmarkt von etwa einem Jahr[12]. Bei einem US-Dollar-Verfall bietet sich Gold dementsprechend als Absicherung für US-Investoren an. Dagegen konnten Anleger aus dem Euro-Raum von einer Goldpreissteigerung nicht so stark profitieren. Außer Gold, Silber und Platin gibt es auch Spezialmetalle, diese sind teilweise viel seltener und teurer als die Hauptvertreter. Edelmetalle werden rund um die Uhr gehandelt, was ein wesentlicher Unterschied zu den Industriemetallen ist. So gibt es für die Hauptvertreter der Edelmetalle nicht nur Futures-Kurse, sondern auch Spotkurse[13] die regelmäßig für die sofortige Auslieferung ermittelt werden.

Zu den *Industriemetallen* gehören Aluminium, Zink, Nickel, Kupfer und Blei. Industriemetalle werden für die Fertigung industrieller Produkte und im Baugewerbe benötigt, die Nachfrage ist stark von der weltwirtschaftlichen Entwicklung abhängig. Wenn der Konjunkturverlauf positiv verläuft, wird das in der Regel zu einem vermehrten Bedarf an Industriemetallen führen. Wenn der Konjunkturverlauf hingegen schwach verläuft, wird das auch einen Bedarfsrückgang bei den Industriemetallen zur Folge haben. Auf Grund dieser Abhängigkeit werden

---

[11] Der Konsumentenpreisindex zeigt die Preisentwicklung für einen bestimmten Warenkorb an.
[12] Vgl.: ohne Autor: Gold ist bester Indikator für Inflation, erschienen 04.11.2005, http://www.faz.net/s/Rub645F7F43865344D198A672E313F3D2C3/Doc~E2CEA8E7DB5364400ACEA5025EBA6F292~ATpl~Ecommon~Scontent.html, letzter Zugriff: 01.07.2010
[13] Wird auch als Kassakurs, Kassapreis, Einheitspreis oder Spotpreis bezeichnet. Es ist ein Einheitskurs von Wertpapieren, deren Kurs während der Börsensitzung nur einmal festgestellt wird. Inzwischen gilt dies auch für einzelne Aktien die fortlaufend gehandelt werden. Vgl.: Europas erstes Finanzportal Börse.de, http://wissen.boerse.de/Lexikon/Kassakurs-1002#content

Industriemetalle auch als zyklische Metalle bezeichnet. Die LME ist der bedeutendste Handelsplatz für Industriemetalle.

Agrarrohstoffe werden im englischen als „Soft Commoditys" bezeichnet. Sie sind erneuerbare, verderbliche und konsumierbare Rohstoffe aus dem landwirtschaftlichen Bereich, die stark wetterabhängig sind. Zu ihnen zählen Getreide (z.B. Hafer, Mais, Weizen und Sojabohnen), Viehwirtschaft (z.B. Rinder, Schweine und Geflügel) und Lebensmittel (z.B. Orangensaft, Kaffee, Kakao, Zucker, Kartoffeln, und Eier). Landwirtschaftliche Güter haben den modernen Futures-Handel begründet und stellen immer noch, nach Energie, die bedeutendste Rohstoffklasse dar. Die Preise für Agrarrohstoffe sind sehr volatil[14] auf Grund der Vielzahl von Einflussfaktoren, so sind kurzfristig starke Preisausschläge möglich. Das Klima und die damit verbundene Erntesaison haben einen hohen Einfluss auf die Angebotsbildung. Landwirtschaftliche Güter können nicht zu jeder beliebiger Zeit und in jeder beliebiger Menge hergestellt werden.

Aktuelles Beispiel dieser Volatilität ist Weizen. In Russland, Kasachstan, Teilen der EU und Kanada herrschen starke Dürreperiode. In Russland sind bereits mehr als 24 Millionen Morgen Land abgebrannt. Die Getreideexporte könnten laut russischer Getreidevereinigung um mehr als die Hälfte einbrechen. Russland ist der dritt-größte Weizenlieferant der Welt. An der CBoT verteuerte sich Weizen zur Lieferung im September 2010 auf 6,965 Dollar je Bushel, in der Spitze hatte er 7,1125 Dollar erreicht. Der Markt ist dementsprechend nervös und wird zum Tummelplatz für Finanzinvestoren. Analysten gehen davon aus, dass der Preis auf acht bis 8,50 Dollar steigen könnte.[15] Allein im Juli 2010 stieg der Preis um etwa 40%.

---

[14] Der Begriff kommt aus dem lateinischen und bedeutet fliegend, unbeständig. Sie ist das Maß für die Schwankungsintensität eines Wertpapierkurses oder eines Indexes um seinen eigenen Mittelwert innerhalb eines bestimmten Zeitraums. Es stellt eine Risikokennzahl dar die in Prozent ausgedrückt wird. Vgl.: Friedrich, Andreas: Volatilität als Asset-Klasse, Norderstedt, 2005, S. 3

[15] Vgl.: Bayer, Tobias: Brennende Felder in Russland locken Weizen-Spekulanten, erschienen 03.08.2010, http://www.boerse-online.de/rohstoffe/nachrichten/meldungen/:Agrarmarkt--Brennende-Felder-in-Russland-locken-Weizen-Spekulanten/614665.html, letzter Zugriff: 03.08.2010

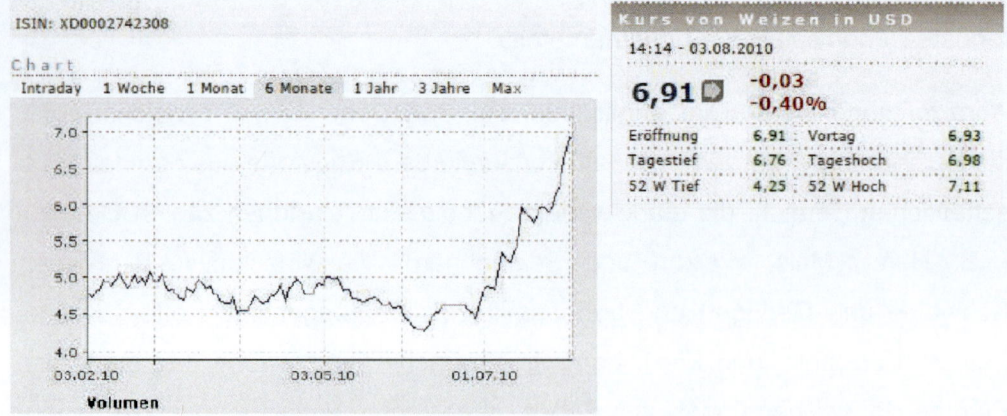

Abbildung 2: Weizenkurs in US$
Quelle: http://kurse.teleboerse.de/DE/Showpage.aspx?pageID=76&isin=XD0002742308 (Stand: 03.08.2010)

3 Die Sprache des Futurehandels

„Wie jedes Spezialgebiet hat auch der Rohstoffhandel seine eigenen Fachbegriffe."

Rüdiger Götte, Der Wegweiser zum erfolgreichen Investment in Rohstoffe

3.1 Vom Forward- zum Future-Kontrakt

In der Gründungszeit der USA haben die Farmer Mais und Weizen im Herbst in die Städte transportiert, am Anfang noch mit Pferd und Wagen und später mit der Eisenbahn. Dem entsprechend gab es im Herbst immer ein Überangebot an Mais und Weizen, aber nur eine bestimmte Nachfrage. Das Angebot war größer als die Nachfrage. So verfaulten dann teilweise ganze Wagenladungen in den Straßen. Im Gegensatz dazu war im Frühjahr die Nachfrage grösser als das Angebot und der Preis stieg stark an. Konsumenten wie auch Produzenten wollten diesem Zustand ein Ende machen, so wurde im Jahr 1848 die erste Rohstoffbörse der USA gegründet, die Chicago Board of Trade (CBoT). Der Handel von Rohstoffen sollte so effizienter und risikoärmer gestaltet werden. An der CBoT konnten sich nun die Hersteller und Abnehmer schon im Vorfeld über den Preis einigen, zu dem die Ernte gehandelt werden soll. Es wurden *Forward*geschäfte zwischen einzelnen Herstellern und einzelnen Abnehmern geschlossen. Bedingungen wie Preis, Liefertermin, Lieferort und Qualität wurde individuell zwischen den Vertragspartnern ausgehandelt. Das erste Geschäft das hier ausgehandelt wurde, war ein Forward-Kontrakt über 3.000 Scheffel Mais.

Das Forwardgeschäft das heute abgeschlossen wird, wird erst in der Zukunft erfüllt. Beide Geschäftspartner können auf dieser Grundlage im Voraus kalkulieren. Der Farmer weiß wie viel Geld er für seine Ernte erhalten wird und der Käufer kennt den Preis mit dem er Gewinn erwirtschaften kann.

Allerdings besteht ein gewisses Ausfallrisiko, weil ein Vertrag zwischen zwei Parteien geschlossen wurde. Zum einen besteht das Risiko, dass der Käufer zum Liefertermin zahlungsunfähig geworden ist, zum anderen kann es sein, dass der Farmer zum Liefertermin nicht liefern kann da seine Ernte zerstört wurde. Es kann aber auch sein, dass eine der Parteien den Vertrag brechen will, da der Preis am Kassamarkt sich günstig für diesen entwickelt. Wenn der Preis für Mais am Kassamarkt steigt und höher ist als der aus dem Vertrag, könnte der Farmer seine Ernte am Kassamarkt verkaufen wollen. Ebenso könnte der Preis am Kassamarkt fallen und niedriger sein als der aus dem Vertrag, so könnte der Käufer den Mais am Kassamarkt kaufen wollen. Um so etwas zu vermeiden wurden Vertragsstrafen fällig, wenn eine der Parteien den Vertrag nicht erfüllt.

Die Forwardkontrakte wurden weiterentwickelt, es wurde eine standardisierte und handelbare Form geschaffen: Der *Future*[16] (engl. Zukunft). In ihm stehen feste Vereinbarungen, welche Menge an einen bestimmten Ort zu einem bestimmten Preis und einen vorab festgelegten Zeitpunkt der Rohstoff gekauft bzw. verkauft werden soll. Jeder Futurkontrakt enthält 5 Standartangaben:

- *Die Menge*: Hier wird angegeben, wie viel von einem Rohstoff ge- bzw. verkauft werden kann. So entspricht ein Kontrakt immer einer Menge von z.B. 5.000 Scheffel Mais, 10.000 Barrel Öl oder 1.000 Feinunzen Gold.
- *Die genaue Beschreibung des Basiswertes*, d.h. genau festgelegte Qualitätsstandards, die der Rohstoff erfüllen muss. Zum Beispiel kann festgelegt werden, dass Gold in der Feinstufe 99,9999% geliefert werden muss.
- *Datum und Ort der Lieferung in der Zukunft:* Hier wird festgelegt, wohin der Verkäufer die Ware zu liefern hat und wo der Käufer sie in Empfang nehmen kann. Für jeden Rohstoff gibt es standardisierte Liefermonate- und orte.
- *Die Zahlungsweise:* Bei Futures gilt ausschließlich Barzahlung. Am Ende jedes Handelstages werden die Gewinne und Verluste für jeden Kontrakt zusammengezählt und abgerechnet.[17]

Bei einem Future handelt es sich um einen normierten Vertrag, der an speziellen Börsen gehandelt wird. Ein weiterer Unterschied von Future zum Forward ist, dass bei einem Future die Vertragsparteien nicht direkt mit einander handeln, sondern mit einer dritten Partei, der Terminbörse. Durch diesen Umstand

---

[16] Ein Future-Kontrakt ist eine Rechtsverbindliche Vereinbarung über die Lieferung bestimmter Waren oder Finanzprodukte zu einem festgelegten späteren Termin.
[17] Götte, Rüdiger: Der Wegweiser zum erfolgreichen Investment in Rohstoffe, Stuttgart, 2009 S. 32

wird das Ausfallrisiko minimiert. So kann es sein, dass sich die Vertragsparteien nie zu Gesicht bekommen.

Die Terminbörse ihrerseits fordert nun von beiden Vertragsparteien eine Sicherheitszahlung (Margin) in einer bestimmten Höhe. Die Margin hat in der Regel einen Wert von 5 bis 10% des Kontraktwertes. Die Terminbörse tritt als eine Art Treuhänder auf, der die Margin nur dann zurückzahlt, wenn der Vertrag von beiden Vertragsparteien erfüllt wurde. Die Terminbörse will so die Einhaltung des Vertrages sicherstellen. Wenn die Preise am Kassamarkt steigen bzw. sinken hat eine Vertragspartei einen Anreiz, den Vertrag zu brechen, sie tun dies aber nicht da sie ihre Margin wieder haben wollen. Was ist aber nun, wenn der Preis über die Margin steigt? Für diesen Fall gibt es den Margin Call, eine tägliche Sicherheit die die Terminbörse einfordert, wenn die Preisbewegung einen bestimmten Prozentsatz überschreitet. Die Terminbörse verrechnet täglich die auflaufenden Gewinne oder Verluste einer Futureposition.

Futurekontrakte sind Fungibel, d.h. sie sind austauschbar. Ein Kontrakt über 5.000 Scheffel Mais unterscheidet sich nicht von einem anderen Kontrakt über 5.000 Scheffel Mais. Die Fungibilität erlaubt es, bei Transport und Lagerung eine Einheit durch eine andere Einheit zu ersetzen. Dadurch wird gewährleistet, dass ein reger und liquider Handel zustande kommt. Die Vertragsparteien müssen sich nicht wie bei einem Forward suchen und Preise aushandeln. Die Preistransparenz erhöht sich, im Gegensatz zum Forward wo die Preise nicht veröffentlicht werden.

Bei Futures auf Rohstoffe (Commoditys) gibt es ein großes Spektrum an Produkten, es reicht von Schlachtvieh, Mais, Eier, Öl, Erdgas und Kohle über Kupfer, Aluminium und Zink bis hin zu Gold, Silber und Platin. Die Terminbörsen haben sich auf bestimmte Gruppen von Rohstoffen spezialisiert.

3.2 Marktteilnehmer

Es tummeln sich viele Investoren an den Rohstoffmärkten. Eine Gruppe sind die sogenannten *Hedger*, sie wollen mit den Futures ihre Risiken hedgen[18]. Ein Beispiel eines Hedging:

> Angenommen ein Schweinemester glaubt, dass die Preise für Schwein zur nächsten Grillsaison fallen könnten. Um sich abzusichern wird er nun einen Future mit Fälligkeit Mai verkaufen, z.B. zum Preis von 79 US-Cent pro Fund. Sollte wie angenommen der Preis für Schwein bis Mai fallen, ist er abgesichert und erleidet keinen Verlust, da ihm der Preis von 79 US-Cent pro Fund garantiert ist. Der Käufer eines Future könnte hier ein Fleischverarbeiter sein, der davon ausgeht, dass der Preis für Schwein bis Mai steigen wird. Um sich abzusichern kann er den Future kaufen. Steigen wie erwartet die Preise, muss er nur den geringeren Preis zahlen. Ob sich nun die Erwartungen von Verkäufer oder Käufer erfüllen weiß niemand im Voraus, beide haben aber den Vorteil, dass sie nun mit einen festen Preis kalkulieren können.

Ein ähnliches Beispiel für das verarbeitende Gewerbe wird am Beispiel eines Autokatalysatorherstellers erklärt.

> Der Hersteller von Autokatalysatoren geht davon aus, dass die Preise für Platin/Palladium[19] in der Zukunft steigen werden. Um sich abzusichern und eine Basis zur Kalkulation der Herstellkosten zu haben möchte er ein Future auf Platin/Palladium kaufen. Dieser Kontrakt ist vollkommen standardisiert (Menge, Qualität, Ort/ Datum der Lieferung, Zahlungsweise), die einzige Variable ist der Preis zu dem der

---

[18] Der Begriff Hedging kommt aus dem Englischen und bedeutet eingrenzen bzw. einzäunen. In der Finanzbranche wird unter Hedging das Eingrenzen von Risiken verstanden. Es ist ein wichtiges Risikomanagement Tool. Dazu wird ein Sicherheitsgeschäft durchgeführt, das zur Verminderung von Risiken dient, die durch ungünstige Rohstoffentwicklungen entstehen können. Vgl.: Cusatis, Patrick/ Thomas, Martin R.: Hedging instruments and risk management, United States of America, 2005, S. 1

[19] Für moderne Dreiwegekatalysatoren werden Kombinationen aus Platin/Rhodium, Platin/Rhodium/Palladium, nur Palladium oder Palladium/Rhodiumpartikel genutzt. Durch diese Neuerung stieg zwischenzeitlich der Preis für Platin und Rhodium auf 7.000 $/Feinunze anstatt der üblichen 1.000 bis 1.500 $/Feinunze. Vgl.: Shamery, Al: Institut für reine und angewandte Chemie der Carl von Ossietzky Universität, Der Autokatalysator, 2003, http://www.al-shamery.chemie.uni-oldenburg.de/24420.html, letzter Zugriff: 20.07.2010

Future gehandelt wird. Wenn der Preis für Platin/Palladium wie angenommen steigt, ist der Hersteller durch die Fixierung des Kaufpreises abgesichert. Sollte aber wiedererwartend der Preis für Platin/Palladium fallen, so kann er die Future-Position ausgleichen, in dem er die Rohstoffe am Kassamarkt zu einem günstigeren Preis kauft und somit einen Verlust vermeidet.

Beim Hedging geht es primär um den Schutz, es ist eine Art Versicherung gegen schwankende und unerwartete Kursbewegungen. Wobei aber nicht beeinflusst oder vermieden werden kann, dass sich die Kurse negativ entwickeln, Hedger versuchen mit Hilfe der Future-Kontrakte die Volatilität (Schwankung bzw. Risiko) des Kassamarktes zu reduzieren.

Neben den Hedgern gibt es eine weitere Gruppe von Investoren an den Rohstoffmärkten, die *Spekulanten*[20]. Ein Spekulant will durch den Handel von Rohstoffen Geld verdienen und ist dabei auch bereit, gewisse Risiken einzugehen. Ein Spekulant kann eine Investmentbank, ein Hedgefonds oder ein Privatanleger sein.

Die Spekulanten sind in aller Regel nicht daran interessiert den Rohstoff auch geliefert zu bekommen. Wie Studien zeigten, werden nur weniger als drei Prozent der Kontrakte tatsächlich geliefert und der Rohstoff weiterverwendet. Andererseits haben die Spekulanten eine nicht zu unterschätzende Rolle am Rohstoffmarkt. Viele Experten sagen, dass sie der „Schmierstoff" der Rohstoffmärkte sind, da sie den Markt erst mit ausreichender Liquidität versorgen.[21] Um die Lieferung zu verhindern, stellen sie den Kontrakt vor dem Lieferdatum glatt, d.h. sie kaufen oder verkaufen den Kontrakt an der Börse und liquidieren ihn. Um die Lieferung nicht akzeptieren zu müssen, handeln Spekulanten keine Kontrakte in deren Liefermonat. Ein Spekulant wird daher versuchen, seinen Juli-Kontrakt spätestens im Juni zu verkaufen.

---

[20] Der Begriff Spekulant leitet sich von dem lateinischen Begriff speculari ab. Das bedeutet beobachten oder von einem höheren Standpunkt aus in die Ferne spähen. Heute versteht man an der Börse, das planvolle Handeln bzw. Suchen nach lukrativen, kurzfristigen Investmentmöglichkeiten. Ein Spekulant ist nicht, wie häufig in den Medien beschrieben, ein Zocker oder Spieler. Der Unterschied zwischen Spekulanten und Spielern liegt in der Art ihres Handelns. Der Spekulant versucht, durch ökonomische Analysen und Beobachtungen der Preisverläufe den richtigen Zeitpunkt für den Einstieg in den Rohstoff zu finden. Dagegen vertraut ein Spieler eigentlich nur auf sein Glück. Quelle: Götte, Rüdiger: Der Wegweiser zum erfolgreichen Investment in Rohstoffe, Stuttgart 2009 S. 37
[21] Götte, Rüdiger: Der Wegweiser zum erfolgreichen Investment in Rohstoffe, Stuttgart 2009 S. 37

Spekulanten die besonders wenig Risiko eingehen wollen heißen *Arbitrageure*. Sie kaufen Rohstoffe auf einem Markt mit besonders niedrigem Preisniveau und verkaufen die Rohstoffe auf einen Markt mit höherem Preisniveau. Beispiel bei Gold:

> Angenommen der Future-Preis einer Feinunze Gold liegt bei 900 US-Dollar und der Preis auf dem Kassamarkt liegt bei 890 US-Dollar je Feinunze. Wenn nun die Standards (Qualität, Lieferort, usw.) identisch sind, ergibt sich aus Kauf und Verkauf des Goldes eine Differenz von zehn US-Dollar. Wenn die Kosten für Lagerhaltung, Zinsen und Transaktion geringer als zehn US-Dollar sind erwirtschaftet er daraus einen Gewinn.

W.D. Gann hat vor mehr als 50 Jahren die vier wesentlichen Eigenschaften erläutert, die für ein erfolgreiches Trading notwendig sind. Diese vier Eigenschaften sind: Geduld, Wissen, Gespür und eine gesunde und entspannte Verfassung.[22] Jeder Anleger, ob er sich nun zu den Hedgern oder zu den Spekulanten zählt, sollte diese Eigenschaften mit sich bringen.

---

[22] Vgl.: Kleinman, George: Rohstoffe und Financial Futures handeln, München, 2006, S. 22

3.3 Ablauf einer Transaktion

An einem Beispiel soll nun erläutert werden, wie der Handel von einem Future abläuft.

„Ein privater Händler aus Berlin erwartet Mitte Juni kurzfristig steigende Weltmarktpreise für Kaffeebohnen. Als Kunde eines in Deutschland ansässigen Kommissionshauses ("Broker"; in den USA auch "*Futures Commission Merchant*" (FCM) genannt) kontaktiert er telefonisch seinen "*account executive*" – das ist ein Mitarbeiter der Firma, dessen Hauptaufgabe die kompetente Betreuung privater Investoren und die Entgegennahme von Kundenaufträgen (Orders) ist. Nach einem vorausgehenden kurzen Beratungsgespräch erteilt der Händler eine Marktorder über einen September-Kaffee-Futures, zu kaufen in New York an der Terminbörse *New York Board of Trade* (NYBOT). Der Kundenbetreuer übermittelt nun umgehend die ihm zugetragene Kauforder mithilfe eines elektronischen Auftragsübermittlungssystems per Standleitung ("*open line*") nach New York an einen für die Orderannahme und Weiterleitung zuständigen Mitarbeiter ("*order clerk*", "*phone clerk*") des Hauses, welcher sich für gewöhnlich während der Dauer des Markttaktes am Rande des Handelsplatzes der Börse aufhält. Dort angelangt nimmt dieser die Order in Empfang, prüft sie, versieht sie schnell noch mit einem Zeitstempel und händigt sie danach direkt einem sog. "*runner*" – dem Orderboten – aus. Der "runner" leitet die Order sodann auf schnellstem Wege an einen der lizenzierten "*floor broker*" (auch "*pit broker*" ("Ringmakler"), "*floor trader*", "*commission broker*" oder "*member*" genannt) weiter, der während der Börsenzeit an seinem angestammten Platz (allg. "Maklerstand"; hier: "*pit*" oder "*ring*" – ein kreisförmiger, meist achteckiger Stand mit mehreren Treppenstufen an jeder Seite, unterteilt nach Terminmonaten, dessen Größe von der Bedeutung der an ihm gehandelten Ware abhängt und ca. 20 m im Durchmesser beträgt) auf dem Parkett ("*trading floor*") der Terminbörse weilt. Jener "*floor broker*" wiederum wird nunmehr versuchen, die ihm übermittelte Order auszuführen, indem er durch lautes "offenes Ausrufen" eines Kaufgebots (*Rufhandel*, engl. "*open outcry*", "*public call*") – ab einer gewissen Phonstärke auf dem Parkett verstärkt auch in Verbindung mit ganz bestimmten (wenn auch nicht offiziell) legitimierten Handzeichen und Gesten – den vielen anderen ihm von Angesicht zu Angesicht gegenüberstehenden "pit brokers" ("*locals*" und "*floor brokers*") die vom ursprünglichen Auftraggeber gewünschte Menge (und bei preislich limitierten Aufträgen nicht nur die Mengen-, sondern auch die Kursofferte) an September-Kaffee-Futures nachfragt ("*auction market*"; "*open auction*", "*pit trading*"). Mitunter herrscht auf dem

"trading floor" eine überaus hektische Geschäftigkeit, wo ein Brokern und Tradern sich im heftigen Wettbewerb gegenübertreten und um den besten Preis rivalisieren. Jeder einzelne "pit broker" ist in diesem Stück darauf erpicht, im entscheidenden Moment von den mitstreitenden den besten Kurs an sich zu reißen. Mit ganz unterschiedlicher Auswirkung auf den Terminkurs. Ringen überwiegend Nachfrager um den Zuschlag der Anbieter, treiben jene den Futureskurs in die Höhe; wetteifern dagegen vorwiegend die Offerenten um den Zuschlag der Nachfrager, drücken jene den Futureskurs dadurch herab. Kurz und gut, um Widersacher im Preiskampf aus dem Felde zu schlagen, unterbieten Verkäufer und überbieten Käufer sich unausgesetzt wechselseitig im ausgerufenen Preise, jeweils solange bis es im Zuge eines derartigen Ausleseprozesses einem Paar von Marktakteuren endlich gelingt, mit Rücksicht auf die just bestehenden Begehrlichkeiten sich auf einen ganz bestimmten Kurs für den betreffenden Futures zu verständigen (beiderseitige Auktion, "Doppelauktion"). Das eben skizzierte Procedere wiederholt sich in steter Folge während der gesamten Börsenzeit des Parketthandels. Hat unterdessen auch unser "pit broker" einen anderen "pit broker" ausfindig machen können, der als Marktgegenseite für die nachgefragte Menge über einen September-Kaffee-Futures – gemäß der Ordervorgabe des Auftraggebers: unser Investor aus Berlin – durch Zuruf den besten erhältlichen Preis (Terminkurs) für ein Verkaufsgebot als erster ausgeboten hat, so kommt die Order zu eben jenem ausgerufenen Kurs sofort zur Ausführung. Der hierbei festgestellte Futurskurs, zu dem der Abschluss (Umsatz, "*trade*") in September-Kaffee-Futures erfolgt, mag bspw. 60 US-Cent pro pound (lb) Kaffee betragen. Die Gegenpartei wiederum – also hier der andere unmittelbar am Handel beteiligte "pit broker" und Verkäufer des Futures ("Counterpart") – führt möglicherweise gerade ihre Verkaufsorder im Auftrag eines Investors aus San Francisco aus, der seinerseits die Erwartung hegen mag, dass die Weltmarktpreise für Kaffee unmittelbar vor einem Kursrückgang stehen, und der über einen Leerverkauf ("*short sale*", Minusposition) von September-Kaffee-Futures auf Termin seine Markteinschätzung spekulativ zu untermauern sucht.
Jeder einzelne Futureskurs wird, sobald er aus dem Handelsgeschehen hervorgeht, von den anwesenden Kursreportern ("*price reporter*") exakt, lückenlos und zeitgenau in ein angeschlossenes computergestütztes Kursinformationssystem eingespeist und findet so über die verschiedenen Informationsdienste ("*data vendors*") direkte weltweit Verbreitung.
Nachdem beide beteiligten "pit brokers" ihre Orderbogen (Händlerzettel, "*trading cards*", "*clearing slips*") nach erfolgtem Handel vorschriftsmäßig ausgefüllt haben, nimmt der "runner" diese sogleich

> wieder in Empfang und reicht sie zurück zum Pult ("*order desk*") des zuständigen "order clerk". Der "order clerk" vermerkt die genaue Zeit der Zusammenführung der Order (des "*matching*"), versieht den Bogen noch einmal mit einem Stempel und benachrichtigt daraufhin umgehend die beteiligten Brokerhäuser über den erfolgreich zustande gekommenen neuen September-Kaffee-Futureskontrakt. Der Investor aus Berlin wird nun umgehend durch seinen Broker über die erfolgreich vermittelte Ausführung seiner Kauf-Order informiert. Ersterer besitzt jetzt eine *Long*-Futures-Position in September-Kaffee; sein (ihm gegenüber anonym verbleibender) Kontrahent, der Verkäufer aus San Francisco, ist dagegen Inhaber einer *Short*-Futures-Position in September-Kaffee zum gleichen Futures-Preis von hier 60 US-Cent. Der gesamte Handlungsstrang, angefangen von der Ordererteilung über die Orderausführung ("*matching*") bis zur schlussendlichen Ausführungsanzeige, nimmt dabei i. Allg. nur einige wenige Sekunden an Zeit in Anspruch.
>
> Man beachte, dass der unter Marktbedingungen zustande gekommene (zertifikatlose) Kontrakt sämtliche Merkmale des von der Terminbörse vorher ausgeschriebenen Standardvertrages aufweist (Laufzeit, Qualität und Quantität der Ware etc.) – zuzüglich des ausgehandelten Futureskurses. Zu guter Letzt ist hierbei genau *ein* neuer Futures-Kontrakt entstanden (und hierdurch das "*open interest*" – ceteris paribus – entsprechend um 1 gestiegen)."[23]

Eine entgegengesetzte Markterwartung beider Parteien ist wichtig für das Entstehen eines Futures. Dabei nimmt der Käufer des Kaffefutures, der auf steigende Preise setzt, eine Long-Position ein. Der Verkäufer des Kaffefutures, der auf fallende Preise setzt, nimmt eine Short-Position ein. Jeder Long-Position muss eine Short-Position gegenüber stehen.

Long = Kaufen => Strategie bei Kursanstieg
Short = Verkaufen => Strategie bei Kursrückgang

Käufer und Verkäufer werden niemals ein Direktgeschäft abwickeln, die Clearing-Gesellschaft, z.B. die CBoT, fungiert hier als Mittelsmann. Die Broker kaufen bzw. Verkaufen aus dem Bestand der Clearing-Gesellschaft. Die Clearing-Gesellschaft steht für die Erfüllung der Kontrakte ein, wenn mal ein Broker ausfallen sollte. Somit gibt es praktisch kein Ausfall- bzw. Bonitätsrisiko.

---

[23] Vgl.: DeiFin – Die Finanzseite, http://deifin.de/fuwi002.htm, letzter Zugriff: 02.07.20010

Es ist möglich, an einer Terminbörse Ware zu kaufen und zu verkaufen obwohl sie gar nicht im Besitz der Ware sind. Eine Short-Position ist die Besonderheit im Futurehandel. Zwischen dem Verkauf und der Lieferung der Ware besteht immer eine gewisse Zeitspanne in der die Position glattgestellt werden kann. Andere Bezeichnungen für glattstellen sind Settlement, Closing out, oder Reversing Trade. Eine Position kann nur mit einer identischen Position glattgestellt werden. Also 100 Feinunzen Gold mit 100 Feinunzen Gold.

An den Börsen gibt es unterschiedliche Abrechnungsmodalitäten, wie Laufzeit der Kontrakte, Verfallstage, Regelungen der Wertstellung, Lieferung und Zahlungsabwicklung. Die *Wertstellung*, oder auch Valuta oder Settlement, ist der Tag (Settlement Day), an dem die Zahlungseingänge gutgeschrieben und die Zahlungsausgänge belastet werden. Settlement Day wird auch als Handelstag bzw. Trade Day bezeichnet. Der *Settlement-Price* (Settlement-Kurs) wird als Abrechnungspreis des jeweiligen Handelstages festgesetzt und wird in der Schlussphase einer Börsensitzung aus dem arithmetischen Mittel der gehandelten Kurse berechnet. Der Schlusskurs bezeichnet dagegen den Kurs des letzten Handelsabschlusses. *Delivery Procedere* ist der Prozess, bei dem der Verkäufer den Gegenstand liefern und der Käufer den Gegenstand abnehmen muss. Der Erfüllungsort ist meist der Sitz der Börse. Am letzten Handelstag (Last Trading Day) hat der Anleger die letzte Chance, seinen Future glattzustellen. Danach gibt der Broker die Notice of intention to Deliver heraus, die besagt, dass der Verkäufer bereit ist zu liefern. Der First Notice Day ist der Tag, an dem die Notice of intention to Deliver zu ersten Mal verkündet werden darf. Der Last Notice Day ist der letztmögliche Benachrichtigungstag. Maturity (Fälligkeit) ist der Zeitraum, während dem ein Terminkontrakt glattgestellt werden kann. Dieser Zeitraum liegt meist zwischen dem ersten Benachrichtigungstag und dem letzten Handelstag eines Kontraktes. Hat der Käufer bis hier den Future noch nicht glattgestellt, erfolgt die physische Lieferung der Ware. Der Käufer erhält vom Verkäufer einen Lagerschein gegen einen bankbestätigten Scheck.

3.4 Kontraktspezifikationen

Wenn ein Anleger eine Wirtschaftszeitung aufschlägt, wird er mit Kontraktspezifikationen konfrontiert. Als Beispiel wird hier Rohöl der Sorte Crude Oil herangezogen. Dieses Rohöl wird an der NYMEX gehandelt, eine Kontrakteinheit beläuft sich auf 1.000 Barrel (1 Barrel = 159 Liter).[24] Wenn der Preis pro Barrel 100 US-Dollar beträgt, hat der Kontrakt einen Wert von 100.000 US-Dollar. Das ist eine sehr große Summe, aber das Besondere an Futures ist, dass nur ein Teil des Future-Kontrakts hinterlegt wird. Die Besonderheit ist, dass es sich nur um Verträge und nicht um sofortigen Kauf bzw. Verkauf der Rohstoffe handelt. Wie in dem vorhergehenden Abschnitt beschrieben, wird nur ein geringer Prozentsatz tatsächlich erfüllt, denn der überwiegende Teil wird vorher glattgestellt. So wird von jedem Marktteilnehmer nur ein relativ geringer Einschluss verlangt, die Margin, um einen Future zu handeln.

Die *Margin* ist eine Sicherheitsleistung, um eventuell entstehende Verluste abzudecken. Die Margin wird allerdings nicht vom Broker verlangt, sondern von der Clearing-Gesellschaft. Es muss nicht der Gesamtwert des Future-Kontraktes hinterlegt werden (z.B. 100.000 US-Dollar aus dem Rohölfuture), sondern nur ein Bruchteil. Die Höhe der Margin wird von der Börse festgelegt und hängt von der Kursentwicklung und der Volatilität der Rohstoffpreise ab. Die Mindestmargin die eingezahlt werden muss heißt *Initial Margin*[25]. Die Initial Margin kann zwei Prozent betragen, liegt aber meistens zwischen fünf und zehn Prozent[26]. Am Beispiel des Rohölkontraktes sieht man, dass bei einem Gesamtwert des Rohölfutures von 100.000 US-Dollar, die Initial Margin 5.000 US-Dollar (fünf Prozent des Futurekontraktes) beträgt. Wenn allerdings die Volatilität des Rohöls steigt, behält sich die Clearing-Gesellschaft vor, die Initial Margin zu erhöhen. Solange der Anleger noch über offene Positionen verfügt, muss die Mindest-Margin auf dem Konto verbleiben.

---

[24] Andere Kontraktgrößen sind: Kaffee an der New Yorker Börse 37.500 Pfund, Mais an der CBoT 5.000 Scheffel
[25] Die Initial Margin wird auch als Additional Margin bezeichnet und dient dazu, die zusätzlich anfallenden möglichen Glattstellungskosten abzudecken. Diese Potenziellen Glattstellungskosten entstehen dann, wenn, ausgehend vom aktuellen Marktwert des Portfolios, innerhalb von 24 Stunden die angenommene ungünstige Preisentwicklung eintritt.
[26] Vgl.: Kleinman, George: Rohstoffe und Financial Futures handeln, München, 2006, S. 42

Was passiert, wenn das Geschäft für den Anleger negativ verläuft? Die Clearing-Gesellschaft wird dann einen Nachschuss fordern, der Margin Call[27] genannt wird. Durch den Margin Call soll die Reserve (Margin), die der Anleger hinterlegt hat, wieder aufgefüllt werden. Der Punkt, an dem der Margin Call verlangt wird, wird auch Maintrance Margin genannt. Wenn die Clearing-Gesellschaft verfügt, dass eine komplett neue Margin zu zahlen ist, wird auch von einer Variation Margin gesprochen. Ein Anleger, der aufgefordert wurde einen Margin Call nachzukommen, hat etwa in den USA eine Stunde Zeit dieser Aufforderung nachzukommen. Wenn der Anleger dieser Aufforderung nicht nachkommt ist der Broker dazu verpflichtet, bestehende Positionen des Depots zu liquidieren, bis das Konto wieder die Initial Margin aufweist.

Die Clearingstelle bewertet die aktuellen Börsenkurse aller Positionen täglich neu, Gewinne oder Verluste werden dem Konto jeden Tag ausbezahlt bzw. belastet.

TAG	FUTURESKURS ("Settlement", in US-Cent)	TAGESGEWINN/ TAGESVERLUST (in US-$)	KUMULIERTER GEWINN/VERLUST (in US-$)	"EQUITY" in MARGIN-KONTO (in US-$)	"MARGIN CALL" (in US-$)
1	61,00	375	375	2375	–
2	60,20	300	75	2075	–
3	59,60	225	150	1850	–
4	59,90	112,50	37,50	1962,50	–
5	59,00	337,50	375	1625	–
6	58,20	300	675	1325	675
7	58,65	168,75	506,25	2168,75	–
8	57,85	300	806,25	1868,75	–
9	58,00	56,25	750	1925	–
10	56,80	450	1200	1475	525
11	56,80	0	1200	2000	–
12	57,60	300	900	2300	–
13	57,80	75	825	2375	–
14	59,40	600	225	2975	–

Tabelle 2: Wertfortschreibung in einem spekulativen Margin-Konto
Quelle: http://www.deifin.de/fuma3.htm (Stand: 02.07.2010)

In Tabelle 2 wird die Kursentwicklung eines Kaffee-Futures aufgezeigt. Der Zeitraum der betrachteten Periode beträgt 14 Tage. Die Initial Margin sei 2.000

---

[27] Ist die hinterlegte Sicherheitsleistung nicht mehr ausreichend, tritt also eine Unterdeckung ein, so wird der Börsenteilnehmer zur Erhöhung der Margin-Leistung aufgefordert. Diesen Vorgang nennt man Margin-Call. Diese Nachschussplicht kommt bei den meisten Börsen zum Tragen, wenn das Margin-Konto 75 bis 80 Prozent des für die Initial Margin angesetzten Betrags aufweist.

US-Dollar und die Maintenance Margin sei 1.500 US-Dollar. Ein Anleger kauft (Long) diesen Kaffee-Future für 60 US-Cent je Fund.

Durch die Schwankungen des Kurses weisen wir jeden Tag einen Gewinn bzw. Verlust aus, der durch das Margin-Konto ausgeglichen wird. Bei einem Tagesgewinn von 375 US-Dollar steigt das Margin-Konto um den gleichen Betrag, bei einem Tagesverlust von 300 US-Dollar wird das Margin-Konto mit diesem Betrag belastet. Am sechsten Tag weist das Margin-Konto einen Habensaldo auf das um 175 US-Dollar unter der Maintenance Margin von 1.500 US-Dollar liegt. Das Margin-Konto ist insuffizient geworden, wodurch der Broker dem Anleger mitteilen wird, dass ein Margin-Call von 675 US-Dollar zu leisten ist, welcher das Guthaben des Margin-Kontos wieder auf Höhe der Initial-Margin bringen wird. Gleiches gilt für den zehnten Handelstag.

Auffallend ist, dass ein Anleger mit einem relativ kleinen Kapitaleinsatz verhältnismäßig hohe Gewinne aber auch Verluste erzielen kann. So ist es nicht ungewöhnlich, Gewinne von 25 % zu erzielen, obwohl der Preis für Kaffee nur um fünf Prozent gestiegen ist. Dieses Beispiel verdeutlicht die Hebelwirkung (Leverage-Effekt) von Future-Geschäften. Ganz anders sieht es aus, wenn der Kaffee-Preis um fünf Prozent fällt. Der Anleger verliert seine Initial-Margin und hat eine Nachschusspflicht zu leisten. Dem Anleger gehen damit 125 % seines Einsatzes verloren.

Das Konto des Anlegers sollte ein gewisses Polster aufweisen, um Marktschwankungen besser zu überstehen. Dabei sollten nie mehr als 50% des Kontoguthabens für eine Margin verwendet werden. Wenn ein Anleger z.B. ein Konto mit einem Guthaben von 25.000 US-Dollar aufweist, sollte die Initial-Margin einer Position nicht mehr als 12.500 US-Dollar betragen.[28]

Da die Anleger Rohstoffe immer mit Margen handeln und nur ein Bruchteil des Kontraktes tatsächlich Liquidität bindet, entsteht ein Hebeleffekt auf die Marge.[29] Risiken werden beim Terminkontraktgeschäft symmetrisch verteilt und sind theoretisch auch unbegrenzt. Wenn der Käufer Verluste erzielt wird diese unverzüglich dem Verkäufer gutgeschrieben und vice versa. Anleger müssen

---

[28] Vgl.: Kleinman, George: Rohstoffe und Financial Futures handeln, München, 2006, S. 48
[29] Vgl.: Stanzl, Jochen: Der grosse Rohstoff-Guide, 2. Auflage, München, 2007, S. 102

lernen, mit Verlusten zu leben und diese zu akzeptieren. Sie müssen aber auch lernen, Verluste zu begrenzen und diese zu kalkulieren.

3.5 Der Futurepreis

Der *Futurepreis* wurde bis jetzt noch sehr abstrakt gehalten. Was verbirgt sich hinter dem Futurepreis. Kurz gesagt legt er den zukünftigen Preis eines Rohstoffes fest. Dem gegenüber steht der Spotpreis, welcher der aktuelle Preis eines Rohstoffes ist und am Kassamarkt festgelegt wird.

Der Preis des Rohstofffutures ist niemals festgelegt. Der Preis ändert sich auf Grund der Nachfrage und des Angebotes von Käufer und Verkäufer und deren Prognose, wie sich die Preise in der Zukunft verändern werden.

Die Laufzeit eines Kontraktes ist sehr unterschiedlich, der längste Kontrakt hat eine Laufzeit von mehreren Jahren und der kürzeste von nur wenigen Wochen oder sogar Tagen.

Die Preise eines Futurs können sich rasend schnell ändern, je nachdem welche neuen Informationen den Anlegern vorliegen und welche neuen Entwicklungen es gibt. Z.B. über eine Insektenplage, die die Weizenernte bedroht oder das die Zuckerernte verstärkt zu Ethanol verarbeitet wird, wodurch die Exporte schrumpfen. Kurzfristig können auch Gerüchte, Wetterlage, Schiffsunglücke usw. die Futurepreise beeinflussen. Der Wert eines Futures ergibt sich aus dem heutigen Wert dieses Gutes, zuzüglich der eingesparten Finanzierungskosten und Anlageerträge abzüglich der bis zur Fälligkeit entgangenen Erträge aus dem Rohstoff.

$$Futurepreis = Spotpreis\ des\ Rohstoffes \times \frac{(1 - Cost\ of\ Carry)^{\Delta t}}{(1 + Convenience\ Yield)^{\Delta t}}$$

Cost of Carry:

- Nettofinanzierungskosten (=Finanzierungskosten für die Basisposition – direkte Erträge aus dem Halten eines Rohstoffes oder eines Kontrakts (z.B. Dividendenerträge))
- Aufwand für Lagerhaltung

- Versicherung

Convenience Yield = Verfügbarkeitsrendite[30]

Neben dem Kassapreis beeinflussen auch weitere Faktoren den Futurepreis: Lagerkosten für bestimmte Produkte, Zinsen und andere Fremdkapitalkosten sowie eventuell zu zahlende Versicherungsprämien. Diese zusätzlichen Kosten werden zusammengefasst zu den Cost of Carry bzw. Carrying Charges. Die Cost of Carry sind als Haltekosten des Rohstoffes zu verstehen, wenn er am Kassamarkt gekauft und bis Laufzeitende des Future gehalten würde. Die Differenz aus Kassapreis und Futurepreis ist die Basis.

$$Basis = Futurepreis - Kassapreis\ des\ Rohstoffes$$

Die Cost of Carry sinken, so dass sich Futurepreis und Kassapreis zum Ende der Laufzeit nähern. Zum Fälligkeitszeitpunkt stimmen Kassapreis und Futurepreis überein, dementsprechend ist die Basis null. Vor dem Fälligkeitszeitpunkt kann die Basis aber auch positiv, negativ und in seltenen Fällen auch null sein. Die Schwankungen der Basis wird auch als Basisrisiko bezeichnet. Das Basisrisiko ist umso höher, je länger die Laufzeit des Futures ist. Begründet wird das durch: Qualitätsunterschiede zu Kontraktnorm, Zinssätze, Lagerkosten, Präferenzen, Produktausfälle usw.[31]

3.6 Contango und Backwardation

Bei *Contango* spricht man von einem normalen Markt, der sich dadurch auszeichnet, dass alle Güter in ausreichender Menge vorhanden sind. Der Rohstoff befindet sich in ausreichender Menge im Lager und kann den Bedarf fortlaufend decken. Das führt zu einer positiven Basis. Der Futurekurs liegt über dem Kassakurs der Ware, zum Ende der Laufzeit nähert sich der Kurs des Futures von oben dem Kassakurs. Mit dieser Future-*Short*position können zusätzliche Gewinne erzielt werden. Der Futurekurs wird nur durch Lagerhaltungs- und sonstige Finanzkosten begrenzt.

---

[30] Die Convenience Yield ist für Edelmetalle nicht relevant, Vgl.: Barclays Capital, Rohstoffinvestments, Investment brochure, Februar 2010, S. 6
[31] Vgl.: Götte, Rüdiger: Der Wegweiser zum erfolgreichen Investment in Rohstoffe, Stuttgart, 2009, S. 51 ff.

Bei Backwardation spricht man von einem umgekehrten Markt, der sich dadurch auszeichnet, dass es am Kassamarkt zur Verknappung des Rohstoffes kommt. Die Basis ist negativ, der Kassapreis steigt über dem Futurepreis, auf Grund der hohen Nachfrage und des niedrigen Angebots. Diese Märkte zeichnen sich durch eine hohe Convenience Yield aus. Selbst für erfahrene Anleger ist es schwierig, die Kursentwicklung verlässlich zu prognostizieren. Ähnlich wie beim normalen Markt passt sich der Kurs vom Terminmarkt und vom Kassamarkt wieder an. Der Futurekurs steigt und gleicht sich dem Kassakurs an. Mit Future-*Long*positionen können zusätzliche Gewinne erzielt werden. [32]

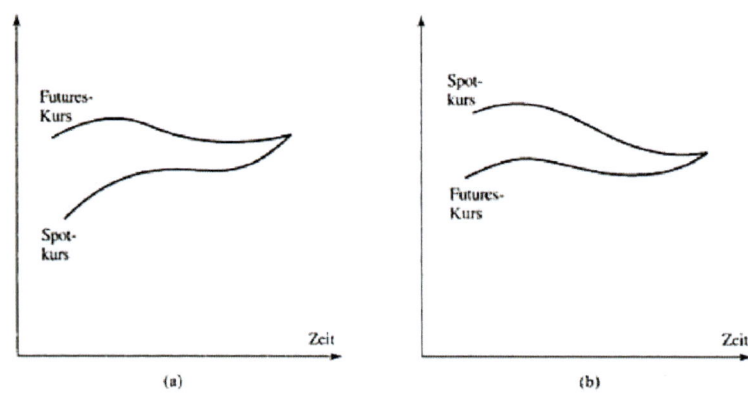

Abbildung 3: Beziehung zwischen Futures- und Spotkurs bei Annäherung an den Liefermonat. (a) Future-Kurs liegt über Spotkurs; (b) Futures-Kurs liegt unter Spotkurs
Quelle: Hull, John C.: Optionen, Futures und andere Derivate, S. 53

Backwardation beschreibt, dass Futurepreise von weiter in der Zukunft liegenden Lieferterminen niedriger als die von näher liegenden sind. Die Terminkurve hat eine negative Neigung. Die Terminkurse sind umso niedriger, je länger die Laufzeit ist. D.h. der Kauf zu einen späteren Monat ist günstiger. Contango ist genau entgegengesetzt zu Backwardation. Die weiter in der Zukunft liegenden Futurepreise liegen höher als die näher liegenden. Die Terminkurve hat eine positive Neigung. Die Terminkurse liegen umso höher, je länger die Laufzeit ist.

---

[32] Vgl.: Hull, John C.: Optionen, Futures und andere Derivate, München, 2009, S. 52 ff.

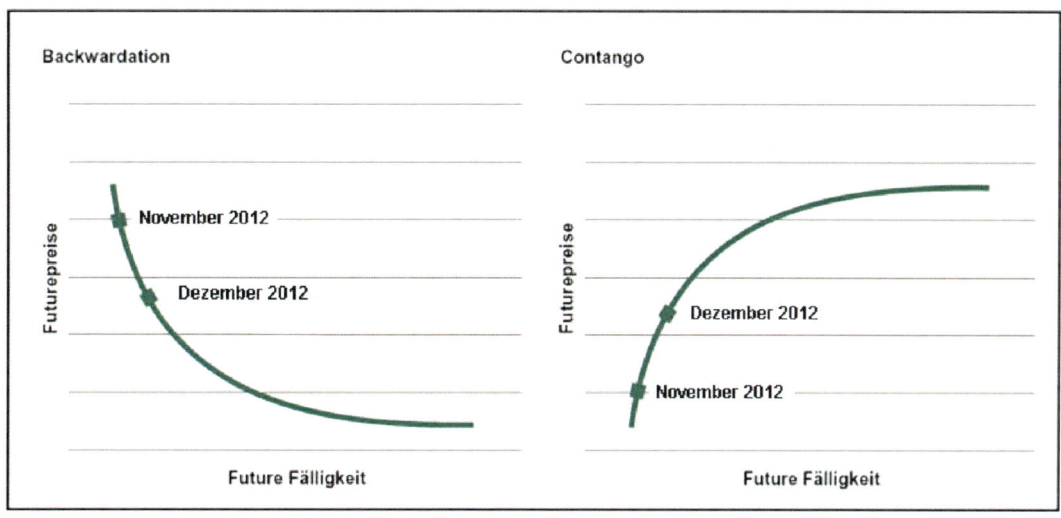

Abbildung 4: Besonderheiten der Rohstoff-Futuremärkte
Quelle: http://markets.rbs.de/DE/MediaLibrary/Image/Seite%25206%2520neu.jpg (Stand: 04.07.2010)

Bei Backwardation ist es günstiger, den Rohstoff via Future zu kaufen als der Kauf zum Spotpreis. Bei Contango ist es teurer, den Rohstoff via Future zu kaufen als der Kauf zum Spotpreis. Warum ist aber jemand bereit, mehr für den gleichen Rohstoff zu zahlen, nur weil er zu einem anderen Zeitpunkt geliefert wird. An einem Beispiel eines Lebensmittelkonzerns soll nun erklärt werden warum in einer Contango-Formation der Lebensmittelkonzern auch höhere Preise in Kauf nimmt. Der Lebensmittelkonzern braucht regelmäßig große Mengen an Mais. Angenommen die Lieferung im September 2007 kostet 320 US-Cent je Scheffel und die Lieferung im Dezember 2009 kostet 400 US-Cent je Scheffel. Die Forwardkurve entspricht einer Contango-Formation.

Der Konzern hat die Möglichkeit, eine Long-Position oder gleich eine größere Menge des kurzen Kontrakts zu kaufen. Mit dem kurzen Kontrakt kann der Konzern augenscheinlich mehr Geld sparen. Allerdings gibt es auch erhebliche Nachteile die der kurze Kontrakt mit sich bringt. Wenn der Konzern die benötigte Menge Mais sofort kauft, muss er den Gegenwert, den er alternativ erst später gekauft hätte, verzinsen. Der Zinssatz kann einige Prozentpunkte betragen und einen enormen Teil des Gewinns aufzehren. Außerdem muss der Mais gelagert und bewacht werden. Bei Getreide ist das mit einem speziellen

Lagerhaus gut möglich, im Gegensatz zu Schwein. Das Lagerhaus muss auch bewacht werden, wozu wieder mehr Personal eingestellt werden muss und vermehrt Personalkosten verursacht werden. Aus diesen Gründen kann jemand bereit sein, mehr in der Zukunft zu zahlen als weniger bei sofortiger Lieferung.

Weiter stellt sich die Frage, warum jemand bereit ist mehr zu zahlen für eine frühere Lieferung, wenn er doch den Rohstoff später günstiger erstehen könnte? Dieses Beispiel entspricht einer Backwardation-Formation. Eine Raffinerie benötigt kontinuierlich Rohöl, um den Betrieb aufrecht zu erhalten. Angenommen Rohöl würde im September 2007 78 US-Dollar je Barrel kosten und die Lieferung im Juni 2012 71 US-Dollar je Barrel. Um diese Kontinuität aufrecht zu erhalten, muss auch ständig Rohöl geliefert werden. Fällt diese Lieferung aus, muss die Raffinerie stillgelegt werden, was Folgekosten verursacht. Der Betreiber muss sicherstellen, dass das Rohöl jederzeit lieferbar ist. Denn eine Raffinerie kann nicht mit Öl zur Lieferung im Juni 2012 im September 2007 betrieben werden. Dem Betreiber der Raffinerie bleibt daher nichts übrig, als den höheren Preis für die sofortige Lieferung zu bezahlen.

Es ist für Rohstoffanleger wichtig zu wissen, ob sich der Markt in Backwardation oder Contango befindet. Metalle liegen meist in Backwardation, Erdöl wechselt zwischen Backwardation und Contango, Erdgas sowie die Soft Commoditys sind die meiste Zeit in Contango.[33]

3.7 Ticks und Limits

Ein *Tick* ist die kleinstmögliche Preisschwankung eines Future-Kontrakt,[34] dabei variiert die Größe des Ticks von Rohstoff zu Rohstoff. Bei Weizen beträgt ein Tick ein Viertel US-Cent. Bei einem Standard-Weizenkontrakt der CBoT von 5.000 Bushel (Scheffel), beträgt die minimale Preisveränderung 0,0025 US-Dollar mal 5.000 gleich 12,50 US-Dollar je Standard-Weizenkontrakt. Bei der Nachricht „Weizen ist heute um drei Ticks höher" bedeutet das, dass der Wert des Weizen-Kontrakts um 37,5 US-Dollar ((0,0025x3)x5.000) gestiegen ist. Börsen wie die Eurex, benutzen den Begriff Basispunkt anstelle des Begriffs Tick.

---

[33] Vgl.: Stanzl, Jochen: Der grosse Rohstoffguide, 2. Auflage, München, 2007, S. 100
[34] Vgl.: Kleinman, George: Rohstoffe und Financial Futures handeln, München, 2006, S. 31

Überraschende Nachrichten (wie z.B. Hurrikan, Tierseuchen usw.) können extreme Bewegungen auslösen. Entgegenwirken soll eine Begrenzung des Tagespreises, das sogenannte *Daily Price Limit* oder auch *Daily Trading Limit*. Die Maximalschwankung des Rohstoffes auf Tagesbasis wird festgelegt und darf nicht überschritten werden. Marktteilnehmer sollen in Zeiten drastischer oder extremer Kursbewegungen die Lage noch einmal in Ruhe überdenken können, um auf diese Veränderungen vernünftig zu reagieren.

Es wird zwischen einem *Limit Up* und einem *Limit Down* unterschieden. Beim Limit Up werden nur noch Geschäfte zum aktuellen oder zu einem niedrigeren Preis abgewickelt. Beim Limit Down werden nur noch Geschäfte zum aktuellen oder zu einem höheren Preis abgewickelt. Nehmen wir an, dieses Preislimit an der CBoT für Weizen liegt bei ±30 US-Cent/Scheffel. Die tägliche Kursbewegung nach oben und nach unten darf maximal 30 US-Cent betragen. Wenn ein Weizenkontrakt am Vortag bei einem Settlement-Preis von 250 US-Cent/Scheffel geschlossen ist, kann der Preis am Folgetag zwischen 220 und 280 US-Cent/Scheffel schwanken.

Wenn der Preis das Limit erreicht, wird der Handel eingestellt, es sei denn es gibt noch Marktteilnehmer, die beim Limit handeln wollen. Der Handel kann dann für mehrere Minuten aber auch komplett bis zum nächsten Börsentag eingestellt werden. Es kommt vor, dass der Preis mehrere Tage am Limit notiert, aber es keine nennenswerten Umsätze gibt. Des Weiteren werden neue Marginbeiträge gefordert, die den Handel noch erschweren. Hier muss auch erwähnt werden, dass es das *Variable Price Limit System* gibt, das dann angewendet wird, wenn der Preis mehrere Tage am Limit (Limit Up/Limit Down) notiert. Es wird dann ein neues Limit von 150 % festgelegt. In diesem Fall erhöht sich die Margin aber auch um 150 %.

Ein weiteres Limit ist das sogenannte *Position Limit* (Positionsobergrenze, Positionslimit). Das ist die Höchstzahl an Futurekontrakten, die von einem einzelnen Akteur in einem bestimmten Markt gehalten werden darf. Dieses Limit liegt entweder bei maximal zehn Prozent des Open Interest oder bei maximal 25.000 Futurekontrakten. Sollte es zu einer Überschreitung des Limits kommen, müssen die überzähligen Kontrakte glattgestellt werden oder auf ein fremdes

Konto übertragen werden. Die Marktteilnehmer sollen mit diesem Limit davor geschützt werden, zu exzessiv zu spekulieren.

Viele Anleger sind an den Rohstoffmärkten schon reich geworden, da sie es verstanden haben, den Hebeleffekt richtig einzusetzen, aber andere hat es den finanziellen Ruin beschert. Die meisten Trader verlieren mit der Mehrzahl ihrer Investments. Dass es doch nicht zu einer Katastrophe kommt, liegt daran, dass sie ihre Verluste begrenzen. Dazu benutzen sie ein Hilfsmittel, die *Stop-Order*. Nehmen wir an ein Anleger geht eine Long-Position ein und kauft sich einen Sojabohnen-Kontrakt zu fünf US-Dollar je Scheffel, er setzt auf steigende Preise. Um sein Risiko, einen Verlust zu machen nun zu begrenzen, erteilt er seinem Broker eine Stop-Order von zehn US-Cent je Scheffel. Sollte der Kurs nun auf 4,90 US-Dollar fallen, versucht der Broker den Auftrag zum besten Kurs abzuwickeln. Auf Grund der starken Kursschwankungen die am Markt vorherrschen können, kann der Broker den Kontrakt nicht immer zum gewünschten Kurs glattstellen, er ist aber verpflichtet, den Auftrag zum bestmöglichen Kurs abzuwickeln. Wenn ein Anleger eine Short-Position eingegangen ist und auf fallende Preise setzt, muss die Stop-Order über dem Verkaufspreis liegen.

3.8 Rollen eines Futures

Die meisten Anleger, die mit Futures handeln, sind nicht an der physischen Auslieferung des Rohstoffes interessiert. Denn sie können nichts mit einer riesigen Menge Mais o.ä. anfangen und haben in aller Regel auch kein Lager, in dem sie alles unterbringen könnten. Für industrielle Abnehmer ist die physische Auslieferung eines Rohstoffes interessant, Spekulanten und Anleger sind dagegen nur an der Preisveränderung des Rohstoffes interessiert[35]. Sie müssen den Rohstoff rechtzeitig verkaufen. Ein Future mit Fälligkeit im Juli wird der Anleger meist im Juni verkaufen wollen. Um weiterhin zu investieren, muss der Anleger nun gleichzeitig einen neuen Future mit längerer Laufzeit kaufen. Dieser Vorgang muss ständig wiederholt werden, meist monatlich. D.h. den Futurekontrakt, der kurz vor Fälligkeit steht, muss der Anleger schließen (verkaufen) und ein Futurekontrakt mit längerer Laufzeit eröffnen (kaufen). Dieser Vorgang wird *Rollen* oder auch *Roll Over* genannt.

---

[35] Vgl.: Stanzl, Jochen: Der grosse Rohstoffguide, 2. Auflage, München, 2007, S. 99

Beim Rollen wird der Anlagebetrag des auslaufenden Futures (nearby contract) in den dann folgenden Futurekontrakt (second nearby contract) gerollt. Erst durch das regelmäßige Rollen kann der Anleger über einen längeren Zeitraum in Rohstoffe investieren. Futures haben meist unterschiedliche Fälligkeiten. Weizen wird meist in den Monaten März, Mai, Juli, September und Dezember gehandelt, Gold wird jeden Monat gehandelt, die aktivsten Monate sind aber Februar, April, Juni, August, Oktober und Dezember. Zwischen dem zu verkaufenden Futurekontrakt und dem zu kaufenden Kontrakt liegt eine Preisdifferenz, die für den Anleger entweder positiv oder negativ ausfällt.

Wie sich der Rolleffekt auswirkt, hängt von der Terminkurve des jeweiligen Futuremarkt ab. Andere Bezeichnungen für die Terminkurve sind Forwardkurve, Term Structure und Preisterminkurve. Die Terminkurve spiegelt die Beziehung zwischen den Futurekontrakten mit unterschiedlichen Fälligkeiten und Preisen wider. Die Erwartungen der Marktteilnehmer über die zukünftige Entwicklung des Rohstoffes werden wieder gegeben.

> Ein Beispiel hierfür ist Erdgas. Unabhängig davon wie sich der Verbrauch entwickelt, kann aus der Erdgasquelle eine konstante Menge Gas entnommen werden. Die Erdgasproduktion ist daher im Zeitverlauf konstant. Erdgas wird zum großen Teil zur Stromversorgung und zum Heizen benötigt, weshalb der Bedarf gerade in den Wintermonaten höher ist. Erdgas-Futures mit Lieferzeitpunkt im Dezember sind teurer als solche mit Lieferung im Juni. Diese einfache Überlegung machen sich die Anleger zu nutze.

Backwardation und Contango kennzeichnen die Forwardkurve. Wobei im Vergleich die Backwardation häufiger aufgetreten ist als Contango.[36]

Welche Ertragskomponenten haben die Rohstofffutures? Die Rendite der Rohstofffutures setzt sich aus drei Komponenten zusammen.

- Spotrendite (Spot-Yield): Anstieg des Rohstoffpreises am Kassamarkt. Die Spotpreise für Rohstoffe werden am Spotmarkt einer Börse für physische Rohstoffe festgestellt. Die Spotrendite ergibt sich aus der Preis-

---

[36] Vgl.: Barclays Capital, Rohstoffinvestments, Investment brochure, Februar 2010, S. 6

veränderung des physischen Rohstoffes, der Basiswerte, den die verschiedenen Future-Kontrakten zugrunde liegen.

- Rollrendite (Roll-Yield): Rendite aus dem Rollen eines Futures. Die Rollrendite entsteht, wenn ein Futurekontrakt auf einen Rohstoff in einen Kontrakt mit nächst längerer Laufzeit gerollt wird. Positive Erträge können in einer Backwardation-Situation erzielt werden, bei der länger laufende Future-Kontakte billiger sind als kürzer laufende; negative Erträge können in einer Contango-Situation, bei der länger laufende Future-Kontrakte über den Notierungen für kürzer laufende Kontrakte gehandelt werden.

- Colleteral-Yield: bezeichnet die Verzinsung auf dem Sicherheitskonto. Die Colleteral-Yield ist der Ertrag, der sich durch die Verzinsung von Sicherheiten bzw. Marginzahlungen für die Futurekontrakte ergibt. Schließlich müssen Investitionen in Futurekontrakte mit Geld besichert sein, um Verpflichtungen aus dem Future erfüllen zu können. Die anfallenden Zinserträge aus dieser Kassenhaltung (Colleteral Return) tragen zur Gesamtrendite von Rohstoffinvestments bei.[37]

Für eine langfristige Ertragsaussicht ist nicht nur die Entwicklung des Kassakurses entscheidend, das Niveau des risikolosen Zinssatzes und die Form der Terminkurve sind auch sehr entscheidend. Analysen zeigen, dass nur ein geringer Teil des Gesamtertrages eines Futures von der Spot-Yield abhängig ist. Für einen Großteil der Gewinnentwicklung sind dagegen Roll-Yield und Colleteral-Yield verantwortlich.

Den Roll-Yield kann mit folgender Formel berechnet werden:

$$Roll - Yield = \frac{(1 + Excess\ Return)}{(1 + Spot\ Preis\ Return)} - 1$$

Die Formel spiegelt die geometrische Differenz zwischen Preisperformance (Excess) und Spot Preis Ertrag wider. In der Praxis wird der Roll-Yield auch oft

---

[37] Vgl.: Götte, Rüdiger: Der Wegweiser zum erfolgreichen Investment in Rohstoffe, Stuttgart, 2009, S. 70

als arithmetische Differenz zwischen Excess und Spot Preis Performance dargestellt. Das erschwert jedoch die Aggregation von Spot und Roll-Yields.[38]

Anleger müssen den Einfluss des Rollens bei allen futurebasierten Produkten im Auge behalten. Informationen über die Forwardkurve sind für Anleger wichtig, denn er kann sich diese zu Nutze machen. Investoren müssen einige Vorüberlegungen tätigen, um erfolgreich im Rohstoffbereich zu agieren.

---

[38] Vgl.: Dennin, Torsten: Besicherte Rohstoffterminkontrakte im Asset Management, Wuppertal, 2009, S. 10

4 Investmentmöglichkeiten

Es gibt, neben der Direktanlage, viele verschiedene Möglichkeiten in Rohstoffe zu investieren. Es bietet sich ein Engagement in Derivate oder auch indirekte Investitionen wie Aktien, Aktienoptionen, Wandelanleihen und Fonds an.

4.1 Direktanlage

Der physische Erwerb von Rohstoffen ist ausschließlich für Unternehmen aus dem Rohstoffsektor interessant. Der physische Erwerb für institutionelle Investoren und Privatanleger ist auf Grund der Liefer- und Lagerprozesse unvorteilhaft, kompliziert und teilweise auch unwirtschaftlich. Ausnahme hiervon ist die Direktanlage in Gold und Silber.

Direktinvestments in Rohstoffe ist meist nur etwas für den großen Geldbeutel. Wenn ein Anleger auf steigende Preise setzt und sich heute eine große Menge an Weizen kauft um diese später wieder zu einem höheren Preis zu verkaufen, muss er sie zwischen lagern. In der Zeit, in der das Weizen zwischen gelagert wird, darf die Qualität des Weizen nicht leiden. Um die Qualität zu sichern, muss der Weizen in einer speziellen Lagerhalle gelagert werden. Damit fallen hohe Kosten an, die gerade bei kleineren Mengen die Erträge deutlich schmälern. Investitionen in Direktanlagen lohnen sich daher meist nur für Großhändler und Unternehmen, die diesen Rohstoff im Rahmen des Produktionsprozesses benötigen. Ausnahme ist wie bereits erwähnt ein Direktinvestment in Edelmetalle, da diese relativ leicht zu lagern sind.[39]

4.2 Derivate

Wenn ein Anleger dennoch von der Wertentwicklung der Rohstoffe profitieren möchte, loht sich der Erwerb von Derivaten in Form von Finanztermingeschäften z.B. Futures, Futures-Optionen, Swaps, Zertifikate oder Optionsscheine. Derivate sind gegenseitige Verträge, deren Wert vom Betrag einer zugrunde liegenden marktabhängigen Bezugsgröße abgeleitet ist. Als Basiswerte sind Finanzinstrumente wie Aktien oder Anleihen, sowie Handelsgegenstände wie Devisen, *Rohstoffe,* Agrarprodukte und andere marktbezogene Referenzwerte

---

[39] Götte, Rüdiger: Der Wegweiser zum erfolgreichen Investment in Rohstoffe, Stuttgart, 2009, S. 280

wie Zinssätze und Indizes möglich. Eine Besonderheit ist, dass Derivate auch für Derivate zweiten Grades als Basiswert dienen.[40]

Der Rohstoffhandel in Form von Futures weist jedoch eine Besonderheit bei der Fälligkeit der Rohstoffe auf. So kann der Energierohstoff Rohöl in jedem Monat gehandelt werden, da er kontinuierlich gefördert werden kann. Baumwolle dagegen hat spezielle Handelsmonate (März, Mai, Juli und Dezember) was damit zusammenhängt, dass Baumwolle nicht kontinuierlich produziert werden kann.

Der Handel mit Futureinvestments hat drei Ertragsquellen.

- Spot Return
- Roll Yield
- Collateral Yield[41]

Daneben können im OTC-Markt (Over the counter[42]) Forwards und Swaps gehandelt werden. Rohstoffproduzenten und Rohstoff verbrauchende Unternehmen können sich dadurch gegen Preisschwankungen absichern. Der Handel am OTC-Markt bietet den Vorteil gegenüber dem standardisierten Börsenhandel einer flexiblen Vertragsgestaltung.

Futures, Forwards und Swaps bieten sich besonders für institutionelle Investoren an, für private Investoren bieten sich direkte Rohstoffinvestments in Form von verbrieften Derivaten wie Zertifikate oder Optionsscheine an. Rohstoff-Zertifikate bilden die Wertentwicklung einer oder mehrerer Rohstoffklassen (Index) kontinuierlich ab. Ein solcher Index fasst immer eine bestimmte Gesamtheit bestehender Rohstoffe zusammen. Ein Investor hat durch die Anlage in einen Index die Möglichkeit, an der Wertentwicklung der im Index enthaltenen Rohstoffe zu partizipieren. Allerdings kann ein solcher Index nicht die Entwick-

---

[40] Vgl.: Leser, Georges: Veranlagungskriterien für Investmentfonds: Die OGAW-Richtlinie und deren Umsetzung in das Investmentfondsgesetz, 2008, S. 72
[41] Siehe 3.8 Rollen eines Futures
[42] OTC sind individuell vereinbarte Kontrakte, der außerhalb der Verantwortung der Börse stattfindet, aber trotzdem den geltenden gesetzlichen Bestimmungen für den Wertpapierhandel unterliegt. Der Markt zeichnet sich durch eine individuelle Laufzeit, fehlende Börsennotierung, wenig Transparenz und eine geringe Zugangsmöglichkeit für den privaten Investor aus. Vgl.: Moeini, Hassan: Commodity Trading- Instrumente der Bedarfssicherung und des Risikomanagement, 2007, S. 14

lung aller Rohstoffe widerspiegeln, da die Rohstoffe zu unterschiedlich sind.[43] Emittiert werden diese Produkte von Banken oder Investmentgesellschaften, dabei kann in einzelne Rohstoffe, Rohstoffindizes und auch in ganze Rohstoffkörbe investiert werden. Zum Teil sind diese Produkte auch mit Währungsschutz, Kapitalgarantie, Bonuszahlungen usw. ausgestattet. Eine weitere direkte Anlagealternative stellen Investmentfonds, deren Strategie eine Anlage in derivative Rohstoffinvestments vorsieht, dar.

4.3 Aktien

Eine weitere Möglichkeit ist es, indirekte Investitionen durchzuführen z.B. Rohstoffaktien[44] o.ä. Finanzanlagen wie Aktienoptionen, Wandelanleihen und Investmentfonds. Ein Investor, der in Rohstoffaktien investiert, hat das Ziel von den steigenden Rohstoffpreisen zu profitieren. Entscheidet sich ein Investor dafür Rohstoffaktien zu kaufen, muss er wissen wie er sie bewerten kann. Dazu kann er das KGV[45] heranziehen. Je niedriger das KGV ist, umso attraktiver ist eine Aktie. Bis zu einem KGV von 15 gilt eine Aktie als günstig, wenn der KGV über 30 ist, sollte der Anleger vorsichtig sein. Der KGV muss aber auch immer branchenspezifisch gesehen werden.[46]

$$KGV = \frac{Aktienkurs}{Gewinn\ je\ Aktie}$$

Ein gutes Wissen über den Rohstoffsektor ist aber auch notwendig, denn es gibt viele Einflussfaktoren, die die Preise der Rohstoffaktien beeinflussen. Hierzu zählen die Finanzstruktur, Managementtalent, Businessmodel, politische Situation in dem jeweiligen Land usw.

---

[43] Vgl.: Dönges, Thorsten: Besteuerung privater Kapitalanlagen: Mit traditionellen und alternativen Investments zur steueroptimalen Depotstruktur, 2008, S. 165
[44] Unter Rohstoffaktien versteht man Aktien von Unternehmen, die Rohstoffe explorieren, abbauen, fördern, raffinieren, verarbeiten, handeln und vertreiben. Aber auch Zulieferer bzw. Ausrüster wie beispielsweise die Hersteller von Bohrgestänge, Fördertürme bis hin zu Tanklastzügen werden ggf. dazu gezählt.
[45] Das KGV gibt an, in wie vielen Jahren ein Unternehmen bei gleichbleibendem Gewinn seine aktuelle Marktkapitalisierung erwirtschaftet hat. Es beschreibt die Relation von Gewinn und Aktienkurs eines Unternehmens. Vgl.: Wienke, Michael: Chancen und Risiken der Aktienbewertung anhand des KGV am Beispiel der Volkswagen AG, Norderstedt, 2007, S. 2
[46] Vgl.: Finanztip.de: Aktienkennziffer KGV, http://www.finanztip.de/tip/boerse/aktientipp-002.htm letzter Zugriff: 07.07.2010

Problematisch ist auch eine Baisse am Aktienmarkt. Obwohl z.B. die Preise für Öl steigen, müssen die Kurse der Aktien von ölfördernden Unternehmen nicht auch steigen, da die Investoren anderswo ihre Chancen sehen. Politische Veränderungen auf den Gebieten Umwelt, Arbeitsrecht, Renten, Import- und Exportvorschriften und Regulierungen wirken sich oft negativ auf mache Unternehmen aus, aber für Rohstoffe können das gute Nachrichten sein. Als die USA beschloss, in Alaska nicht mehr Bohrungen nach Öl vorzunehmen, war das schlecht für die dort engagierten Unternehmen, aber gut für den Ölpreis. Ein Investor kann sich nicht sicher sein, ob ein Unternehmen seine Finanzdaten manipuliert hat und die Gewinnprognosen nach unten „korrigiert" hat, nur um sie dann wieder übertreffen zu können. Unvorhersehbare Ereignisse können eintreten, Streiks, Umweltprobleme, Krieg und Terrorismus und am Aktienmarkt zu Kursrückgängen führen. Aktien von Rohstoffunternehmen, die sich für den Moment als kaufenswert darstellen, können in der Zukunft, z.B. auf Grund von Neuverhandlung von Steuervergünstigungen, Investoren vom Markt vertreiben.

Kupfer erzielte im vergangenen Jahr, dank tiefer Vergleichsbasis, mit 140% ein 20- Jahreshoch[47]. Doch weltweit gibt es unzählige Kupferaktien. Wenn ein Investor versuchen wollte alle diese auszuwerten, würde er ewig brauchen. Der Investor müsste sich dafür auch mit unzähligen verschiedenen Formen des Managements, Bilanzen, Gewerkschaften, Pensionsplänen, Einfluss von Regierungen, lokalen Aktienmärkten und Buchhaltungssysteme beschäftigen.

Die Yale-Studie „Facts and Fantasies About Commodity Futures" besagt, dass langfristig die Rohstoffrenditen dreimal höher waren als die Renditen von Rohstoffaktien.[48] Eine Investition in Aktien hat einen entscheidenden Nachteil im Bezug auf Direktinvestitionen in Rohstoffe. Warum? Die Preise für Rohstoffe können nie auf null fallen, denn ein Rohstoff ist ein greifbarer Vermögensgegenstand und hat immer einen inneren Wert und einen Gebrauchsnutzen (siehe 2.1 Definition Rohstoffe). Dagegen kann der Preis einer Rohstoff Aktie jederzeit auf null fallen.

---

[47] Vgl.: Zeuner, Jörg: Rohstoffaktien haben ihre Tücken, erschienen in HandelszeitungOnline & The Wall Street Journal, am 05.05.2010, http://www.handelszeitung.ch/artikel/Unternehmen-Rohstoffaktien-haben-ihre-Tuecken_723440.html, letzter Zugriff: 07.07.2010

[48] Vgl.: Rogers, Jim: Rohstoffe der attraktivste Markt der Welt, 6. Auflage, München, 2007, S. 69 ff.

4.4 Investments in Länder, die Rohstoffe produzieren

Zwei bedeutende Rohstoffländer sind Kanada und Australien, beide sind reich an Bodenschätzen und beherbergen die zweitgrößten Mienengesellschaften. Wie Experten erwartet haben, stiegen mit den Rohstoffpreisen auch die Volkswirtschaften der beiden Länder. Exportnationen haben in der Regel stärkere Währungen als Importnationen. Außerdem bewegen sich die Anleihen solcher Länder auch oft im Gleichschritt mit der Wirtschaft und daher entwickeln sich auch die Aktienmärkte sehr gut.[49]

Schwellenländer wie Brasilien (Zucker), Chile (Kupfer) und Bolivien (Erdgas) sind rohstoffreiche Länder, in denen die Wirtschaft wächst. Vor einigen Jahren waren diese Länder noch hoch verschuldet und waren von den Finanzspritzen der Industrieländer abhängig. Seit einigen Jahren sind die Kapitalströme schon nachhaltig umgekehrt und die Schwellenländer erzielen Leistungsbilanzüberschüsse.[50]

Brasilien hat seine Schulden bereits abgebaut und Devisenreserven angehäuft. Die Wirtschaft wuchs 2007 um 5,4%. Standard & Poor´s sowie Fitch Ratings haben Brasilien 2008 den Investment Grade-Status verliehen und begründeten dies mit der verbesserten Finanz- und Schuldenmanagement-Politik des Landes, des verringerten Haushaltsdefizits sowie der geringeren Auslandsverschuldung. Eine Verbesserung spiegelt ebenfalls das wirtschaftliche Wachstum und die Inflationskontrolle durch die Regierung wider.[51]

Anleger sollten sich aber auch im Klaren sein, dass Schwellenländer immer anfällig für Bedrohungen sind die entweder von außen oder von innen kommen. Eine Verlangsamung des Wirtschaftswachstums in China, als größter Importeur von Zucker und Kupfer, wird die Schwellenländer, die dies exportieren, wirtschaftlich auch ausbremsen. Außerdem sind ausländische Investoren keine Experten für die politische Lage in der sich die anderen Länder befinden.

---

[49] Vgl.: Rogers, Jim: Rohstoffe der attraktivste Markt der Welt, 6. Auflage, München, 2007, S. 74 ff.
[50] Vgl.: Sedlmaier, Hans: Rohstoff-Länder – Macht aus der Erde, erschienen im Focus-Money Nr. 28, 2008
[51] Vgl.: Prado Garcia Advogados: Standard & Poor´s und Fitch Ratings verliehen Brasilien den Investment Grade, http://www.pradogarcia.com.br/index.php?option=com_content&task=view&id=89&Itemid=7, letzter Zugriff: 07.07.2010

4.5 Überblick

Die folgende Tabelle zeigt einen Überblick über wesentlichen Merkmale und Unterschiede der verschiedenen Investmentformen.

	Direktanlage	Derivate	verbriefte Derivate	Aktien
Zielgruppe	Unternehmen aus dem Rohstoffsektor	Unternehmen aus dem Rohstoffsektor u. institutionelle Investoren	private Investoren	private Investoren
Hauptmotive	Absicherung	Absicherung u. Spekulation	Spekulation	Spekulation
direkte Partizipation an der Preisentwicklung von Rohstoffen	ja	ja	ja	nein
Diversifikation innerhalb des Rohstoffsektors	nein	möglich	möglich	gering
Handelbarkeit	in der Regel hoch	hoch (Futures) bzw. gering (Forwards u. Swaps)	hoch	in der Regel gegeben
Produkttransparenz	gegeben	gegeben	nicht zwingend gegeben	gegeben
kostengünstige Verwahrungsmöglichkeit	nein	ja	ja	ja
zusätzl. Ausgestaltungsmöglichkeiten (z.B. Währungs- od. Kapitalsicherung)	nein	nein	ja	nein
Handelbarkeit zu geringen Beträgen	in der Regel nicht	nein	ja	ja

Tabelle 3: Überblick über die Investmentformen
Quelle: Frey, Carmen, Rohstoffe als Beitrag zur Portfoliooptimierung, S.: 11

5 Investmentmöglichkeiten deutscher Institute

Nachdem nun aufgezeigt wurde, welche Möglichkeiten ein Investor hat, in Rohstoffe zu investieren, soll nun spezieller auf deutsche Unternehmen eingegangen werden. Und zwar Investmentfonds und Versicherungsunternehmen. Dabei werden unter Rohstoffe in Anlehnung an die Definition des Begriffs „Waren" in Artikel 2 Nr. 1 der Durchführungsrichtlinie 1287/2006 zur Mi-FiD-Richtlinie (Richtlinie 2004/39/EG) alle Güter fungibler Art verstanden, die geliefert werden können; dazu zählen auch Metalle sowie ihre Erze und Legierungen, landwirtschaftliche Produkte und Energien wie Strom.[52]

5.1 Erwerbbarkeit von Rohstoffen für Investmentfonds

Dieser Abschnitt bezieht sich auf das Investmentgesetz und soll aufzeigen, welche Möglichkeiten der Investition in Rohstoffe vorgesehen sind. Es kann unterschieden werden zwischen dem physischen Erwerb von Rohstoffen, dazu zählen Edelmetalle und Grundstücke als Rohstoffträger, sowie den abgeleiteten Erwerb von Rohstoffen, dazu zählen Beteiligungen und Derivate.

5.1.1   Physischer Erwerb von Rohstoffen
5.1.1.1 Edelmetalle

Rohstoffe müssten im Katalog der Vermögensgegenstände des §2 Abs. 4 InvG stehen um erwerbbar zu sein. Der Erwerb von Rohstoffen ist hier aber nicht mit aufgeführt. Allerdings steht in §2 Abs. 4 Nr. 9 InvG[53] und §2 Abs. 4 Nr. 11 InvG[54] eine Sonderregelung für inländische sonstige Sondervermögen[55] und inländische Hedgefonds[56] sowie vergleichbare ausländische Investmentvermögen als weitere Vermögensgegenstände, Edelmetalle zu erwerben. Allerdings

---

[52] Vgl.: Consultation paper on CESR´s/ CEBS´ technical advice to the European Commission on the review of commodities business, S. 8
[53] § 2 Abs. 4 Nr. 9 InvG gilt für inländische Investmentvermögen im Sinne des § 90g InvG sowie vergleichbare ausländische Investmentvermögen; Aus §90g folgt §90h Abs. 1 Nr. 4 InvG in dem steht, Die Kapitalgesellschaft darf für ein Sonstiges Sondervermögen nur erwerben […] Nr. 4 Edelmetalle […].
[54] § 2 Abs. 4 Nr. 11 InvG gilt für inländische Investmentvermögen im Sinne des §112 sowie ausländische Investmentvermögen; § 112 InvG gilt für Sondervermögen mit zusätzlichen Risiken (Hedgefonds)
[55] Unter dem Begriff Sondervermögen mit zusätzlichen Risiken sollen Hedgefonds erfasst werden. Hauptmerkmal von Hedgefonds sind flexible Anlagestrategien bei größtmöglicher Freiheit der Manager bei der Vermögensanlage. Vgl.: Begründung zum Investmentmodernisierungsgesetz, S.: 7
[56] Anders als der Name es vermuten lässt stellen Hedgefonds keine besonders sicheren Fonds dar, der Gegenteil ist hier der Fall, denn sie sind hoch spekulative und besonders risikoreiche Kapitalanlagen. Vgl.: Einsele, Dorothee: Bank- und Kapitalmarktrecht: nationale und internationale Bankgeschäfte, 2006, S. 453

findet sich anschließend dazu im § 46 InvG eine Regelung über Richtlinienkonforme Sondervermögen, in denen beschrieben wird, dass Edelmetalle und Zertifikate über Edelmetalle von der Kapitalgesellschaft für ein Sondervermögen nicht erworben werden dürfen.

5.1.1.2 Grundstücke als Rohstoffträger

Zu den Vermögensgegenständen zählen auch Grundstücke, grundstücksgleiche Rechte und vergleichbare Rechte nach dem Recht anderer Staaten (Immobilien).[57] Unter einem Grundstück wird rechtlich ein begrenzter, durch Vermessung gebildeter Teil der Erdoberfläche verstanden, das im Grundbuch als selbstständiges Grundstück eingetragen ist. Grundstücke können als Anbaufläche für landwirtschaftliche Pflanzen und Bäume dienen. Auf oder in dem Grundstück können diverse Rohstoffe wie fossile Brennstoffe, Mineralien oder Edelmetalle vorhanden sein. Da diese Rohstoffe den Wert des Grundstücks steigern, ist es fraglich inwieweit ein Investmentfonds [...] durch den Grundstückserwerb gleichzeitig Rohstoffe erwerben kann.[58]

Eingehend wäre zu prüfen, inwieweit mit dem Erwerb des Grundstückes auch das Recht erworben wurde, dort lagernde Rohstoffe abzubauen, und ob der Erwerb des Grundstückes oder der Erwerb des Rohstoffes im Vordergrund steht. Aus der Definition einer Immobilie, gemäß § 2 Abs. 4 Nr. 5 InvG, geht nicht hervor, inwieweit Verwertungsrechte an Grundstücken als zulässige Anlageklasse gelten.

Nach Auffassung von Goretzky und Schrecker sollte die Abgrenzung nach dem wirtschaftlichen Schwerpunkt des Erwerbs abgestellt werden. Wenn der wirtschaftliche Schwerpunkt des Erwerbs auf die Veräußerung von Rohstoffen aus dem Grundstück liegt, sollte dies gegen die Erwerbbarkeit als Grundstück sprechen. Wenn der wirtschaftliche Schwerpunkt des Erwerbs auf dem Erwerb, Halten und Weiterveräußern des Grundstücks liegt, kann davon ausgegangen werden, dass es als Grundstücksgeschäft angesehen wird, auch wenn der Wert des Grundstücks maßgeblich durch die Rohstoffe die es enthält bestimmt wird.

---

[57] Vgl.: §2 Abs. 4 Nr. 5 InvG
[58] Vgl.: Goretzky, Michael/ Schrecker, Tilman: Investitionen in Rohstoffe, In: Finanz Betrieb 1/2009, S. 49

5.1.2 Abgeleiteter Erwerb von Rohstoffen

Der abgeleitete Erwerb von Rohstoffen kann in Form von Aktien erfolgen, also Anteilen an Unternehmen die im Rohstoffsektor tätig sind, und in Form des Erwerbs von Derivaten.

5.1.2.1 Beteiligung

Ein Investor kann sich an einem Unternehmen beteiligen und beispielsweise Aktien eines Unternehmens erwerben, das Rohstoffe anbietet oder in irgendeiner Form verarbeitet. Durch diese Beteiligung kann der Investor am Erfolg des Unternehmens und dadurch auch an der Entwicklung der Rohstoffe teilhaben. Laut §2 Abs. 4 Nr. 1 InvG gehören Wertpapiere zu den zulässigen Vermögensgegenständen. Wertpapiere sind grundsätzlich ab §46 ff InvG geregelt[59]. Dementsprechend ist der Erwerb von Wertpapieren innerhalb der gesetzlichen Grenzen erlaubt. Unter dem Wertpapierbegriff fallen Aktien, Aktien gleiche Wertpapiere, Schuldverschreibungen, Namensschuldverschreibungen, sonstige verbriefte Schuldtitel und laut §47 Abs. 2 InvG Bezugsrechte, sofern sich die Wertpapiere, aus denen die Bezugsrechte herrühren, im Sondervermögen befinden können. Es handelt sich hierbei um einen wirtschaftlichen Wertpapierbegriff zu dem aber nicht Geldmarktinstrumente und Derivate gehören. Laut der Begründung zum Investmentmodernisierungsgesetz sollten Wertpapiere liquide und fungibel sein, um als Anlage für eine Investmentvermögen geeignet zu sein. Bei der indirekten Anlage in die betreffenden Rohstoffe sind Investoren aus investmentrechtlicher Sicht flexibel.

5.1.2.2 Derivate

Eine weitere Möglichkeit des abgeleiteten Erwerbs von Rohstoffe erfolgt über Derivate. Zu den Derivaten zählen die von Wertpapieren, Geldmarktinstrumenten, Investmentanteilen, anerkannten Finanzindizes, Zinssätzen, Wechselkursen oder Währungen, die nach den Vertragsbedingungen für das Sondervermögen erworben werden dürfen, abgeleitet sind, einschließlich gleichwertiger bar abgerechneter Instrumente.

---

[59] Laut § 46 InvG darf eine Kapitalgesellschaft nur die in §§47 bis 52 genannten Vermögensgegenstände für ein Sondervermögen erwerben. Edelmetalle und Zertifikate über Edelmetalle dürfen von der Kapitalgesellschaft für ein Sondervermögen nicht erworben werden.

Genauer wird der Investmentbegriff weder im InvG noch in der Begründung zum InvG definiert. Eine Definition kann aus anderen Gesetzen herangezogen werden, es müssen aber die investmentrechtlichen Besonderheiten berücksichtigt werden. Daher können andere gesetzliche Definitionen nicht die eigene investmentrechtliche Definition ersetzen. In der DerivateV, dem WpHG und dem KWG werden zwar bestimmte Derivatetypen umschrieben, sie liefern jedoch keine einheitliche Definition. Es lässt sich aber eine Definition aus der Begründung zum Investmentgesetz ableiten. „Derivate sind Geschäfte, deren Wert sich unmittelbar oder mittelbar vom Preis oder Maß eines Basiswertes ableitet und deren Wertentwicklung von der Wertentwicklung des zugehörigen Basiswertes abhängt."[60] Auch hier besteht der Vorteil, dass der Rohstoff nicht direkt erworben werden muss und dadurch Transaktionskosten, Lagerkosten und ggf. Rollkosten entfallen.

Optionen, Futures und Swaps sind die häufigsten Arten der Rohstoff-Derivate, und werden meist nicht an einer Börse geregelt, sondern in Form des OTC-Handels abgeschlossen. Sie erscheinen entweder als Forward, bei dem eine physische Lieferung erfolgt (Physical Settlement), als Swap, bei dem der Differenzbetrag aus dem Tauschgeschäft gezahlt wird (Cash Settlement), oder als Option (Caps und Floors), bei der Cash Settlement vereinbart wurde und nur der Differenzbetrag aus dem Grundgeschäft gezahlt wird. Die Erwerbbarkeit eines Derivates auf Rohstoffe durch ein Sondervermögen hängt davon ab, für welches Sondervermögen ein Derivat auf Rohstoffe erworben werden soll.[61]

Für richtlinienkonformes Sondervermögen darf nur in Derivate, die von Wertpapiere, Geldmarktinstrumente, Investmentanteile, Finanzindizes, Zinssätze, Wechselkurse oder Währungen abgeleitet sind, investiert werden. In richtlinienkonformes Sondervermögen sind Derivate, die sich auf Waren und Edelmetalle beziehen dementsprechend ausgeschlossen. Im Artikel 19 Abs. 1 Buchstabe g und Artikel 19 Abs. 2 Buchstabe d der OGAW-Richtlinie und Artikel 8 Abs. 5 der OGAW-Durchführungsrichtlinie wird aufgeführt, dass Derivate auf Waren keine erwerbbaren Vermögensgegenstände sind und das richtlinienkonformes

---

[60] Goretzky, Michael/ Schrecker, Tilman, Investitionen in Rohstoffe, In: Finanz Betrieb 1/2009, S. 50, zitiert nach Beckmann/Scholtz/Vollmer: Investment – Handbuch für das gesamte Investmentwesen, Kommentar zum InvG §2 Rdn. 46
[61] Vgl.: Goretzky, Michael/ Schrecker, Tilman, Investitionen in Rohstoffe, In: Finanz Betrieb 1/2009, S. 51

Sondervermögen keine Edelmetalle und Zertifikate auf Edelmetalle erwerben darf.

Die BaFin hat einen Fragenkatalog zu erwerbbaren Vermögensgegenständen („FAQ Eligible Assets") herausgegeben. In diesen Fragenkatalog relativiert die BaFin das Verbot, Rohstoffe oder Zertifikate auf Rohstoffe zu erwerben. In dem Fragenkatalog vom 15. Oktober 2009 erlaubt die BaFin den Erwerb von Wertpapieren, deren Wert sich 1:1 von Edelmetallen ableitet. „1:1-Zertifikate auf Edelmetalle können unter den Voraussetzungen des § 47 Abs. 1 Satz 1 Nr. 8 InvG als Wertpapiere erworben werden, wenn der Erwerb nicht zu einer physischen Lieferung führt oder berechtigt. Das auf Art. 19 Abs. 2 Buchst. d) der geänderten Richtlinie 85/611/EWG (OGAW-Richtlinie) zurückgehende Verbot in § 46 InvG, Zertifikate über Edelmetalle zu erwerben, ist historisch dahingehend auszulegen, dass hiervon nur Zertifikate erfasst sind, die eine physische Lieferung vorsehen bzw. das Recht auf physische Lieferung einräumen."[62] Wenn dementsprechend keine physische Lieferung vorgesehen bzw. kein Recht auf physische Lieferung eingeräumt wird, können die Waren erworben werden. Weiterhin ergibt sich daraus auch, dass 1:1 Zertifikate als erwerbbare Wertpapiere im Sinne des Investmentgesetzes eingestuft werden und eine Durchschau (Look through) als unnötig erachtet wird. Die BaFin verneint das Vorliegen eines Derivates bei 1:1 Produkten. Im Teil 1 Nr. 4 des Fragenkatalogs der BaFin stellt sie klar, dass Produkte die den Basiswert 1:1 wiedergeben, mangels eines derivativen Elements keine strukturierten Produkte mit derivativer Komponente darstellen. Insbesondere fehlt es auch an einer Hebelwirkung.[63] Nach Meinung von Goretzky und Schrecker ist zu klären, ob auch solche Finanzinstrumente als Wertpapiere erwerbbar sind, die andere Rohstoffe als Edelmetalle 1:1 abbilden. Es muss 1:1 abgebildet sein und die physische

---

[62] Fragenkatalog zu erwerbbaren Vermögensgegenständen („FAQ Eligible Assets") Teil 1,Nr. 2, Bonn/Frankfurt a.M., vom 15.10.2009,
http://www.bafin.de/cln_179/nn_722754/SharedDocs/Veroeffentlichungen/DE/Service/Auslegungsentscheidungen/Wertpapieraufsicht/ae__070924__fragen__ea.html#Start , letzter Zugriff: 12.07.2010

[63] Fragenkatalog zu erwerbbaren Vermögensgegenständen („FAQ Eligible Assets") Teil 1,Nr. 4, Bonn/Frankfurt a.M., vom 15.10.2009,
http://www.bafin.de/cln_179/nn_722754/SharedDocs/Veroeffentlichungen/DE/Service/Auslegungsentscheidungen/Wertpapieraufsicht/ae__070924__fragen__ea.html#Start , letzter Zugriff: 12.07.2010

Lieferung muss ausgeschlossen sein. Durch das Cash Settlement kann ein Physical Settlement vermieden werden.

Für einen Investor besteht auch, neben 1:1 Zertifikaten auf Rohstoffe, die Möglichkeit, in einen Rohstoffindex zu investieren. Eine Investition erfolgt durch den Erwerb eines Derivates in Form eines Forwards, eines Futures, einer Option oder Swaps, welche jeweils einen Rohstoffindex als Basiswert abbilden. Es erfolgt keine physische Lieferung sondern eine Ausgleichszahlung. Die §§ 51 Abs. 1 in Verbindung mit §2 Abs. 4 Nr. 3 InvG regeln die Erwerbbarkeit eines Derivates.[64] Als richtlinienkonformes Sondervermögen, darf nur in solche Derivate investiert werden, die sich auf bestimmte Basiswerte beziehen.[65]

Das CESR beschreibt in seinen Guidelines Rohstoffindizes als mögliche Basiswerte eines Derivates.[66] CESR stellte fest, dass wenn der Index dem Anforderungen des Artikel 9 Abs. 1 OGAW-Richtlinie erfüllt, dies ein geeigneter Rohstoffindex ist. CESR nimmt auch an, dass eine ausreichende Diversifizierung besteht, wenn die Anforderungen des Artikel 22a OGAW-Richtlinie erfüllt sind. Daraus folgt, dass die Obergrenze ein und desselben Emittenten auf höchstens 20% angehoben werden kann. Der Index bildet somit mindestens fünf verschiedene Werte ab. Aufgrund außergewöhnlicher Marktbedingungen kann die Obergrenze auch auf 35% angehoben werden. Die CESR hat weitere Anforderungen formuliert die erfüllt werden müssen, wenn die Kriterien des Artikel 22a OGAW-Richtlinie nicht erfüllt werden. Die Vermögensgegenstände, die nicht ausreichend genug diversifiziert sind, müssen zusammen mit anderen Vermögensgegenständen des richtlinienkonformen Sondervermögens betrachtet werden. Diese Betrachtung muss ergeben, dass die Tatbestandsmerkmale der Artikel 21 Abs. 3 und Artikel 22 OGAW-Richtlinie erfüllt werden. Voraussetzung dafür ist, dass das mit Derivaten verbundene Gesamtrisiko den Gesamtnettowert seiner Portfolios nicht überschreitet[67] und die Einzelobergrenze eines Emittenten höchstens fünf Prozent seines Sondervermögens beträgt.[68]

---

[64] Ein Derivat welches sich auf einen Rohstoffindex bezieht.
[65] §51 Abs.1 InvG
[66] CESR´s guidelines concerning eligible assets for investment by UCITS, erschienen März 2007, http://www.cesr-eu.org/popup2.php?id=4421, letzter Zugriff: 13.07.2010, Nummer 22
[67] Artikel 21 Abs. 3 OGAW-Richtlinie
[68] Artikel 22 Abs. 1 OGAW-Richtlinie

Ebenfalls die BaFin geht davon aus, dass Rohstoffindizes die Anforderungen des §51 Abs. 1 InvG erfüllen können. Die BaFin hat den BVI im Jahr 2006 darüber informiert, dass Commodity-Indizes anerkennungsfähige Finanzindizes im Sinne des §51 Abs. 1 InvG sein können.[69] Die Begründung war, dass der Index ausreichend diversifiziert sein muss. Als Beispiel wurde der Dow-Jones-AIG Commodity Index genannt. Die BaFin begründete dies in Fragenkatalog zu erwerbbaren Vermögensgegenständen in Teil 1 Nr. 5: „Rohstoff-, Edelmetall- oder Immobilienindizes sind daher bspw. zulässige Basiswerte für Derivate oder Finanzinstrumente mit derivativer Komponente i.S.d. § 51 Abs. 1 InvG, wenn die Voraussetzungen des Art. 9 Abs. 1 der Richtlinie 2007/16/EG erfüllt sind." Rohstoffindizes kommen als anerkannte Finanzindizes in Betracht, obwohl Rohstoffe nicht direkt durch richtlinienkonforme Sondervermögen erworben werden dürfen. Die Rohstoffindizes müssen aber auch bestimmte Voraussetzungen erfüllen u.a. müssen sie hinreichend diversifiziert sein, eine adäquate Bezugsgrundlage für den Markt darstellen, auf den sie sich beziehen sowie in angemessener Weise veröffentlicht werden.

Durch die Reform des InvG ist ein neuer Fondstyp (sonstiges Sondervermöge §90 g InvG)[70] geschaffen worden. §90 h Abs. 1 Satz 1 besagt, dass Kapitalgesellschaften sonstiges Sondervermögen erwerben darf, das nicht den Erwerbsbeschränkungen nach §51 Abs. 1 unterworfen ist. Es werden auch keine speziellen Anforderungen an den Basiswert gestellt. Waren bzw. Rohstoffe kommen auch als Basiswert in Frage. Als Folge daraus kommen auch Derivate, die sich auf Rohstoffe beziehen, in Betracht. Ebenfalls können auch solche Zertifikate erworben werden, die keine 1:1 Abbildung des zugrunde liegenden Underlying[71] vorsehen. Nach BaFin Verständnis sind dies Derivate. Zertifikate

---

[69] Vgl.: Goretzky, Michael/ Schrecker, Tilman, Investitionen in Rohstoffe, In: Finanz Betrieb 1/2009, S. 52
[70] Sonstige Sondervermögen können in die gleichen Vermögensgegenstände investieren wie richtlinienkonforme Sondervermögen. Sie sind aber nicht den richtlinienkonforme Sondervermögen bestehenden Erwerbsbeschränkungen unterworfen. Es können Anteile an Investmentsondervermögen und Beteiligungen erworben werden. Eine Investition in Darlehensforderungen und Edelmetalle als sonstiges Sondervermögen ist möglich. Vgl.: Bade, Julia/Becker, Katharina/ Weggenmann, Hans: Außensteuergestz/doppelbesteuerungsabkommen, 2009, S. 331
[71] „Das Underlying wird auch als Basiswert bezeichnet. Underlying´s können Waren oder Finanzinstrumente (Aktien, Anleihen, Devisen, Indizes usw.) sein. Underlyings zeichnen sich durch eine breite Palette an verschiedenen Waren und Finanzierungstiteln als Basis für börsengehandelte oder individuell vereinbarte Termingeschäfte aus. Sie reicht bei Waren ("commodities") angefangen von Schweinbäuchen über Schlachtvieh Zucker Wolle Bauholz Rohöl Kupfer bis hin zu Gold und Platin. Bei Finanztermingeschäften umfasst sie vor allem Devisen Schuldverschreibungen wie Staatsanleihen und Termingeld bis

auf Rohstoffe, die ein Underlying von 1:1 abbilden, wären durch ein solches Sondervermögen als Wertpapiere anzusehen, diese Ausführung entspricht der Rechtsansicht der BaFin.

Durch eine weitere Reform des InvG wurden auch die Anlagemöglichkeiten für Spezialfonds erweitert. Spezialfonds dürfen von den §§46 bis 86 InvG abweichen, wenn die Anleger zustimmen (§91 Abs. 3 Nr. 1 InvG), für das entsprechende Spezial-Sondervermögen nur die gesetzlich zulässigen Vermögensgegenstände zu erwerben (§91 Abs. 3 Nr. 2 InvG), sich das Marktrisikopotential eines Sondervermögens durch den Einsatz von Derivaten und Finanzinstrumente mit derivativer Komponente höchstens verdoppelt (§§91 Abs. 3 Nr. 3, 51 Abs. 2 InvG) und zudem das Verbot von Leerverkäufen beachtet wird (§§91 Abs. 3. Nr. 3, 59 InvG). Laut Gesetz sind alle Anlagegegenstände des §2 Abs. 4 InvG für Spezialsondervermögen zulässig und damit auch Derivate (§2 Abs.4 Nr. 3 InvG). Da im §91 Abs. 3 InvG kein Verweis auf §51 Abs. 1 InvG erfolgt, erfolgt auch keine Einschränkung zum Basiswert der anlagefähigen Derivate. Somit dürfen Spezialfonds in alle Derivate investieren, folglich auch in Rohstoffderivate. Eine Anlage kann in alle nach dem Gesetz zulässigen Vermögensgegenstände erfolgen, dabei müssen die gesetzlich vorgegebenen Fondtypen nicht eingehalten werden. Derivate, bei denen die Anforderung der Verwaltungspraxis zu 1:1 Zertifikaten nicht erfüllt sind, sind damit auch erwerbbar.[72]

5.2 Anlagemöglichkeiten für deutsche Versicherungsunternehmen

Nachdem nun untersucht wurde, inwieweit Investmentfonds in Rohstoffe investieren können, soll geklärt werden, ob Versicherungen ihr gebundenes

---

hin zu Aktien- und anderen Indizes. Nicht alle Termingeschäfte bezwecken die tatsächliche (physische) Lieferung des Underlyings am Ende der Laufzeit des Vertrages. Während bei Forwards beispielsweise mehr als 90% der Verträge durch physische Lieferung erfüllt sind es in den Futuresmärkten weniger als 3% die nicht durch ein Gegengeschäft während des Fälligkeitszeitraums glattgestellt werden. Eine Besonderheit bei der Erfüllung von Terminkontrakt- bzw. Optionsgeschäften stellt der sog. Barausgleich ("cash unmittelbar nach dem letzten Handelstag dar: Zu einer physischen Lieferung und Übereignung des Underlyings kommt es hierbei nicht. Stattdessen ist ein Ausgleichsbetrag zu zahlen dessen Höhe der Differenz zwischen dem Kontraktwert des dem Schlussabrechnungstags ("settlement"-Tag) vorausgehenden Tages und dem des "settlement"-Tags entspricht. Nach erfolgtem Barausgleich gelten alle Recht und Pflichten aus dem Termin- bzw. Optionskontrakt als erfüllt." Quelle: Uni-Protokolle, http://www.uni-protokolle.de/Lexikon/Underlying.html, letzter Zugriff: 13.07.2010

[72] Vgl.: Goretzky, Michael/ Schrecker, Tilman: Investitionen in Rohstoffe, In: Finanz Betrieb 1/2009, S. 52

Vermögen[73] direkt oder indirekt in Rohstoffe investieren können. Zur Klärung dieses Sachverhalts wird §54 Abs. 1-3 VAG in Verbindung mit der AnlV herangezogen.

5.2.1 Grundsätzliches Verbot des Erwerbs beweglicher Sachen

Im §2 Abs. 4 a) AnlV werden direkte und indirekte Anlagen in bewegliche Sachen oder Ansprüche auf bewegliche Sachen ausgeschlossen. Bewegliche Sachen sollten auch Rohstoffe mit einbeziehen. Wenn eine physische Lieferung am Ende des Geschäftes besteht, darf ein Versicherungsunternehmen kein solches Geschäft eingehen.

5.2.2 Spezielle Regelung in §3 Abs. 2 Buchstabe b AnlV

Bei einem Verbot einer Investition in indirekte Anlagen in bewegliche Sachen, dürfte ein Versicherungsunternehmen nie in Geschäfte investieren deren Wert von Rohstoffen abhängt. Im §3 Abs. 2 Buchstabe b AnlV wird hingegen geschrieben, dass der Erwerb von direkten oder indirekten Anlagen in Sondervermögen, soweit sie in Rohstoff-Indizes nach §51 Abs. 1 InvG oder vergleichbaren Vorschriften eines anderen Staates des EWR investieren, sowie andere direkte und indirekte Anlagen nach §2 Abs. 1, deren Ertrag oder Rückzahlung an Rohstoff-Indizes nach §51 Abs. 1 InvG oder vergleichbaren Vorschriften eines anderen Staates des EWR gebunden ist, fünf Prozent des Sicherheitsvermögens und des sonstigen gebundenen Vermögens nicht übersteigen dürfen. Ein Versicherungsunternehmen kann zumindest in Rohstoffindizes investieren. Im §3 Abs. 2 Buchstabe b wird eine spezielle Regelung getroffen die gegenüber der grundsätzlichen Regelung des §2 Abs. 4 Buchstabe a AnlV steht. Indirekte Investitionen in Rohstoffe über Indizes sind dadurch von der AnlV vorgesehen.

Goretzky und Schrecker führen aus das gemäß dem Wortlaut und der Systematik zwischen §2 Abs.4 Buchstabe a AnlV und §3 Abs. 2 Buchstabe b AnlV, §3 Abs. 2 Buchstabe b AnlV nur für Investitionen in Rohstoffindizes herangezogen werden kann. Da im §3 Abs. 2 Buchstabe b AnlV nur diese Anlagemöglichkeit

---

[73] Das gebundene Vermögen setzt sich aus dem Sicherungsvermögen und dem sonstigen gebundenen Vermögen zusammen, Vgl.: §54 Abs. 1 VAG, Ausfertigungsdatum: 12.05.1901, zuletzt geändert: 30.07.2009, S.: 45

in Rohstoffe erfasst ist und keine anderen, dürften diese dem generellen Verbot aus §2 Abs. 4 Buchstabe a AnlV unterfallen. „Obwohl also die diversen Sondervermögen mehrere Möglichkeiten haben, in Rohstoffe zu investieren, dürfen Versicherungsunternehmen auf den ersten Blick nur Anteile solcher Sondervermögen erwerben, die in Rohstoffindizes investieren."[74]

Es ist aber fraglich, in wie weit die Beschränkungen des §2 Abs. 4 AnlV für 1:1 Zertifikate zutreffen, deren Wert wesentlich von der Wertentwicklung des Basiswertes Rohstoff abhängt. Im VAG und in der AnlV ist der direkte Erwerb von Rohstoffen nicht ausdrücklich vorgesehen. Auf Grundlage des Rundschreibens R 3/99 der BaFin ist zu prüfen, ob es sich bei der Anlage um ein einfach oder komplex strukturiertes Produkt handelt und nach den aufgestellten Kriterien zulässig ist. Untersuchungen müssen im Einzelfall zeigen, in wie weit indirekte Anlagen gegenüber zulässige Vermögensanlagen überhaupt noch messbare zusätzliche Risiken enthalten, da im §3 Abs. 2 Buchstabe b AnlV zumindest Anlagen in Rohstoff-Indizes zulässig sind.

Ein indirekter Erwerb von inländischen richtlinienkonformen und sonstigen Sondervermögen wäre unter dem bereits beschriebenen Vorrausetzungen möglich. Wenn ein Versicherungsunternehmen in diese Sondervermögen investiert, erfolgt versicherungsaufsichtsrechtlich eine Anlage in inländische Sondervermögen (§2 Abs. 1 Nr. 15 AnlV in Verbindung mit §2 Abs. 2 InvG). Der indirekte Erwerb von Rohstoffen über Sondervermögen wird durch das Verbot des §2 Abs. 4 Buchstabe a InvG nicht zwingend ausgeschlossen. Die OGAW-Richtlinie bietet zumindest eine richtlinienkonforme Auslegung des §2 Abs. 4 Buchstabe a AnlV. „Sofern die Anlage auf Ebene des richtlinienkonformen Sondervermögens zulässig ist und richtlinienkonforme Sondervermögen zum zulässigen Anlagekatalog eines Versicherers zählen, erscheint es problemaisch, durch die Auslegung einer Nationalen Norm (§2 Abs. 4 AnlV) die Zulässigkeit der Anlage auf Ebene eines harmonisierten Investmentvehikels (richtlinienkonformes Sondervermögen) im Nachhinein durch eine mittelbare Prüfung auf Ebene des Investors in Frage zu stellen."[75] §2 Abs. 4 AnlV sieht dies aber vor und dürfte so auszulegen sein, dass indirekte Anlagen nur unzu-

---

[74] Goretzky, Michael/ Schrecker, Tilman: Investitionen in Rohstoffe, In: Finanz Betrieb 1/2009, S. 53
[75] Goretzky, Michael/ Schrecker, Tilman: Investitionen in Rohstoffe, In: Finanz Betrieb 1/2009, S. 53

lässig sind, soweit sie nicht über harmonisierte Investmentvehikel getätigt wurden. Der Umfang des Einflusses der OGAW-Richtlinie im Kontext des VAG bleibt unklar. In wie weit es dem nationalen Gesetzgeber weiterhin offen steht, für bestimmte Investorengruppen die Anlage in UCITS zu beschränken, bleibt unbeantwortet.

6. Fazit

Investitionen in Rohstoffe stellen eine interessante Erweiterung eines traditionellen Portfolios dar. In wirtschaftlich stark wachsenden Schwellenländern werden weiterhin viele Rohstoffe nachgefragt. Was zu einer weiter anhaltenden Hausse führen könnte.

Ziel dieser Studie war die Beantwortung der Fragestellung, ob und inwieweit deutsche institutionelle Investoren in Rohstoffe investieren können und welche Möglichkeiten sich beim direkten und indirekten Erwerb ergeben. Es hat sich herausgestellt, dass Investmentfonds und Versicherungsunternehmen verschiedene Möglichkeiten haben, in Rohstoffe zu investieren, dabei müssen sie aber auch bestimmte Vorrausetzungen erfüllen. Eine gute Möglichkeit in Commoditys zu investieren, bieten Commodity Futures bzw. Indizes.

Ein *Investmentfonds* kann über 1:1 Zertifikate und Rohstoffindizes an der Kursentwicklung der Rohstoffe partizipieren. Ein Derivat darf zwar keinen Rohstoff als Basiswert haben, jedoch einen sich auf Rohstoffe beziehenden Index.[76] Hierzu haben die BaFin und die CESR Erklärungen herausgegeben, die das Verbot einer Investition in Rohstoffe relativieren. Daraufhin sind Wertpapiere, die sich 1:1 auf Rohstoffe beziehen, erlaubt.[77] Wenn ein Investor in einen Rohstoffindex investiert, kommt es nicht zu einer physischen Lieferung sondern zu einer Ausgleichszahlung. Zertifikate, die keine 1:1 Abbildung des zugrunde liegenden Underlying vorsehen, sind nach BaFin Verständnis Derivate. Zertifikate, die ein Underlying von 1:1 abbilden, sind als Wertpapiere anzusehen.

Es hat sich gezeigt, dass *Versicherungsunternehmen* indirekt über Rohstoffindizes an der Entwicklung der Rohstoffmärkte partizipieren können. Bedingung ist aber, dass der Anteil fünf Prozent des gebundenen Vermögens nicht überschreitet. Investiert ein Versicherungsunternehmen in inländische richtlinienkonforme und sonstige Sondervermögen gilt dies versicherungsaufsichtsrechtlich

---

[76] Vgl.: Financial Markets Bulletin, „Eligible Assets" – Die Neufassung der zulässigen Vermögensgegenstände, S. 5

[77] Voraussetzung dafür ist, dass die Wertpapiere §47 Abs. 1 Satz 1 Nr. 8 InvG erfüllen.

als Anlage in inländische Sondervermögen. Damit kommt es zu einem indirekten Erwerb von Rohstoffen über Sondervermögen.

In wie weit die Gesetze dahingehend weiterentwickelt werden, dass Investmentfonds und Versicherungen mehr Möglichkeiten haben in Rohstoffe zu investieren, bleibt derzeit noch offen.

Investmentfonds oder Versicherungsunternehmen können die Rohstoffe nicht physisch erwerben und auch das Recht auf eine physische Lieferung ist verboten. Investoren und Privatanleger sind meist nicht am physischen Erwerb von Rohstoffen interessiert, Grund dafür sind Liefer- und Lagerprozesse, Komplexität und teilweise auch Unwirtschaftlichkeit. Ausnahme hiervon ist die Direktanlage in Edelmetalle.

Investoren sollten gegenüber der Rohstoffklasse aufgeschlossener sein. Für einen Investor sollte sich nicht die Frage stellen, ob er in Rohstoffe investieren will, sondern wann. Außerdem muss sich ein Investor die Frage stellen, ob er das richtige Gespür und die notwendigen Mittel für eine Investition in Rohstoffe hat. Neben dem Gespür sind Geduld, Wissen und eine gesunde und entspannte Verfassung für ein dauerhaftes und erfolgreiches Investment notwendig.

Der Rhythmus von Baisse und Hausse am Rohstoffmarkt widerholt sich alle 30 Jahre. In einer Baisse am Rohstoffmarkt wird jahrelang nicht in eine Kapazitätserweiterung im Rohstoffbereich investiert. Nur wenige investieren in Rohstoffe oder suchen nach neuen Vorkommen, weil ein Überangebot herrscht. Aber das hält auch nicht für immer an, die Vorräte schwinden und die Preise steigen wieder. Wenn die Vorräte nun schwinden und die Nachfrage steigt, kommt es wieder zu einer Hausse. In einer Rohstoffhausse steigen nicht alle Rohstoffpreise geradlinig, zwischenzeitig gibt es auch Konsolidierungsphasen. Es steigen auch nicht alle Rohstoffpreise gleichzeitig. Denn jeder Rohstoff und jedes Rohstoffsegment hat eigene Charakteristika und weist seine eigene Angebots-Nachfrage-Dynamik auf. Nicht alle Rohstoffe erreichen ihr Hoch gleichzeitig, gleiches gilt auch für Aktien in einer Aktienhausse.

Die Zukunft ist durch Unsicherheit gekennzeichnet, es hat sich aber gezeigt, dass sich Rohstoffe zur Absicherung eines Portfolios vor möglichen Gefahren eignen. Grund ist die negative Korrelation zu den traditionellen Assetklassen.

Investitionen im Rohstoffbereich sind nicht gefährlicher als solche in Aktien oder Anleihen. Es gibt Investoren, die im Rohstoffbereich Geld verdient haben, als es im Grunde genommen unmöglich war mit Aktien Gewinne zu erzielen. Viele Technologieaktien sind volatiler als es je ein Rohstoff war. Der Preis eines Rohstoffes kann nie auf null fallen und ist auf natürliche Weise gegen den Preisverfall geschützt. Commodity-Investment bietet eine rentable und zugleich sichere Möglichkeit zur Geldanlage.

Literatur- und Quellverzeichnis

Bade, Julia/Becker, Katharina/ Weggenmann, Hans: Außensteuergestz/doppelbesteuerungsabkommen, 2009

Baierl, Gary/ Cummisford, Robert/ Riepe, Mark W.: Investing in Global Hard Assets: A Diversifikation Tool for Portfolios 2005

Barclays Capital, Rohstoffinvestments, Investment brochure, Februar 2010

Beckmann/Scholtz/Vollmer: Investment – Handbuch für das gesamte Investmentwesen, Kommentar zum InvG §2

Begründung zum Investmentmodernisierungsgesetz, Drucksache 15/1553

Consultation paper on CESR´s/ CEBS´ technical advice to the European Commission on the review of commodities business

Cusatis, Patrick/ Thomas, Martin R.: Hedging instruments and risk management, United States of America, 2005

Dennin, Torsten: Besicherte Rohstoffterminkontrakte im Asset Management, Wuppertal, 2009

Dönges, Thorsten: Besteuerung privater Kapitalanlagen: Mit traditionellen und alternativen Investments zur steueroptimalen Depotstruktur, 2008

Doyle, Emmet/Hill, Jonathan/Jack, Ian: Growth in commodity investments: risk and challenges for commodity market participants, 2007

Einsele, Dorothee: Bank- und Kapitalmarktrecht: nationale und internationale Bankgeschäfte, 2006

Financial Markets Bulletin: „Eligible Assets" – Die Neufassung der zulässigen Vermögensgegenstände

Frey, Carmen: Rohstoffe als Beitrag zur Portfoliooptimierung, München/ Ravensburg, 2006

Friedrich, Andreas: Volatilität als Asset-Klasse, Norderstedt, 2005

Goldman Sachs: Rohstoffkompass, 6. Auflage, Frankfurt, Oktober 2008

Goretzky, Michael/ Schrecker, Tilman: Investitionen in Rohstoffe, In: Finanz Betrieb 1/2009

Götte, Rüdiger: Der Wegweiser zum erfolgreichen Investment in Rohstoffe, Stuttgart, 2009

Hull, John C.: Optionen, Futures und andere Derivate, München, 2009

Investmentgesetz (InvG), Ausfertigungsdatum: 15.12.2003, zuletzt geändert: 08.04.2010

Kleinman, George: Rohstoffe und Financial Futures handeln, München, 2006

Leser, Georges: Veranlagungskriterien für Investmentfonds: Die OGAW-Richtlinie und deren Umsetzung in das Investmentfondsgesetz, 2008

Moeini, Hassan: Commodity Trading- Instrumente der Bedarfssicherung und des Risikomanagement, 2007

OGAW-Richtlinie, 85/611/EWG

Rogers, Jim: Rohstoffe, Der attraktivste Markt der Welt, München, 2007

Schulz, Johannes: Erdöl- Antrieb für Wirtschaft und Konflikte, 2008

Sedlmaier, Hans: Rohstoff-Länder – Macht aus der Erde, erschienen im Focus-Money Nr. 28 (2008)

Stanzl, Jochen: Der grosse Rohstoffguide, 2. Auflage, München, 2007

VAG, Ausfertigungsdatum: 12.05.1901, zuletzt geändert: 30.07.2009

Wienke, Michael: Chancen und Risiken der Aktienbewertung anhand des KGV am Beispiel der Volkswagen AG, Norderstedt, 2007

Internetquellen

Bayer, Tobias: Brennende Felder in Russland locken Weizen-Spekulanten, erschienen 03.08.2010, http://www.boerse-online.de/rohstoffe/nachrichten/meldungen/:Agrarmarkt--Brennende-Felder-in-Russland-locken-Weizen-Spekulanten/614665.html, letzter Zugriff: 03.08.2010

CESR´s guidelines concerning eligible assets for investment by UCITS, erschienen März 2007, http://www.cesr-eu.org/popup2.php?id=4421, letzter Zugriff: 13.07.2010

DeiFin – Die Finanzseite (http://deifin.de/fuwi002.htm)

Europas erstes Finanzportal Börse.de,
http://wissen.boerse.de/Lexikon/Kassakurs-1002#content

Finanztip.de, Aktienkennziffer KGV,
http://www.finanztip.de/tip/boerse/aktientipp-002.htm, letzter Zugriff: 07.07.2010

Fragenkatalog zu erwerbbaren Vermögensgegenständen („FAQ Eligible Assets), Bonn/Frankfurt a.M., vom 15.10.2009,
http://www.bafin.de/cln_179/nn_722754/SharedDocs/Veroeffentlichungen/DE/Service/Auslegungsentscheidungen/Wertpapieraufsicht/ae__070924__fragen__ea.html#Start, letzter Zugriff: 12.07.2010

Gold ist bester Indikator für Inflation, aus FAZ, vom 04.11.2005,
http://www.faz.net/s/Rub645F7F43865344D198A672E313F3D2C3/Doc~E2CEA8E7DB5364400ACEA5025EBA6F292~ATpl~Ecommon~Scontent.html, letzter Zugriff: 01.07.2010

ohne Autor: Welthungerhilfe klagt an: „Hungerkrise schlimmer als Finanzkrise", erschienen 14.10.2008
http://www.n24.de/news/newsitem_3981691.html letzter Zugriff: 20.07.2010

Prado Garcia Advogados, Standard & Poor´s und Fitch Ratings verliehen Brasilien den Investment Grade,http://www.pradogarcia.com.br/indexhttp://i26.tinypic.com/2j5ia28.gif.php?option=com_content&task=view&id=89&Itemid=7 letzter Zugriff: 07.07.2010

Shamery, Al: Institut für reine und angewandte Chemie der Carl von Ossietzky Univerität, Der Autokatalysator, 2003, http://www.al-shamery.chemie.uni-oldenburg.de/24420.html letzter Zugriff: 20.07.2010

Uni-Protokolle, http://www.uni-protokolle.de/Lexikon/Underlying.html, letzter Zugriff: 13.07.2010

Zeuner, Jörg: Rohstoffaktien haben ihre Tücken, erschienen in HandelszeitungOnline & The Wall Street Journal, am 05.05.2010, http://www.handelszeitung.ch/artikel/Unternehmen-Rohstoffaktien-haben-ihre-Tuecken_723440.html, letzter Zugriff: 07.07.2010

Der Autor

Pierre Gliesche wurde 1985 in Rüdersdorf geboren. Nach der Berufsausbildung zum Bürokaufmann entschied er sich, durch ein Studium der Betriebswirtschaftslehre seine fachliche Qualifikation weiter auszubauen.

Im Jahr 2010 schloss er das Bachelorstudium an der Hochschule Lausitz erfolgreich ab. Während des Studiums sammelte der Autor umfassende praktische Erfahrung in der Versicherungsbranche. Sein Interesse gilt vor allem dem internationalen Finanzmarkt.